하나 사랑 그리고 별

하나 사랑 그리고 별

초판 1쇄 발행 2021년 7월 29일

지은이 조헌주
펴낸이 장길수
펴낸곳 지식과감성⁵
출판등록 제2012-000081호

교정 김혜련
디자인 이현
편집 이현
검수 정은지
마케팅 고은빛, 정연우

주소 서울시 금천구 벚꽃로298 대륭포스트타워6차 1212호
전화 070-4651-3730~4
팩스 070-4325-7006
이메일 ksbookup@naver.com
홈페이지 www.knsbookup.com

ISBN 979-11-6552-979-6(03810)
값 12,000원

- 이 책의 판권은 지은이와 지식과감성⁵에 있습니다.
- 이 책 내용의 전부 또는 일부를 재사용하려면 반드시 양측의 서면 동의를 받아야 합니다.
- 잘못된 책은 구입하신 곳에서 바꾸어 드립니다.

지식과감성⁵
홈페이지 바로가기

하나 사랑 그리고 별

조현주 에세이

prologue

나는 천성적으로 친구를 잘 만들지 못하는 병이 있어, 어릴 적부터 일방적이고 변덕스런 내 마음을 잘 받아주는 책이란 것을 친구로 삼고 살았다.
이제 그 친구들과의 이야기가 조금은 쌓여, 한겨울 난방을 위해 장작을 패고 가지런히 모아, 많지 않은 양이지만 아끼고 아껴 이 겨울을 나보려고 한다.
그 온기를 조금이나마 나누고 싶은 바람이다.

2021년 1월

조현주

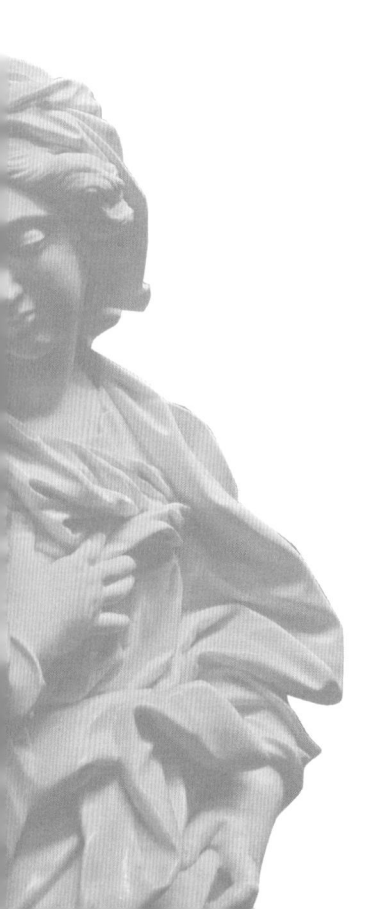

차례

# 1.	알바트로스, 대붕, 박제된 천재	10
# 2.	사랑에 대하여	12
# 3.	장자 '사랑'을 말하다	14
# 4.	유머(humor)	17
# 5.	원망에 대하여	18
# 6.	약속, 맹세에 대하여	20
# 7.	소유물에 대하여	24
# 8.	용기에 관하여	25
# 9.	능력에 관하여	29
# 10.	화수분 – 줄지 않는 재산	36
# 11.	지혜에 관하여	39

#12. 절제에 관하여   43

#13. 실패에 대하여   47

#14. 행복에 관하여   51

#15. 너 자신을 알라   58

#16. 재산을 관리하는 현명한 방법   61

#17. 카르페 디엠(Carpe diem)   65

#18. 겸손에 대하여   77

#19. 어짊(仁)에 대하여   81

#20. 희생에 대하여   84

#21. 변화에 대하여   88

#22. 죽음에 대하여   93

# 23. 용서에 대하여	98
# 24. 베풂에 대하여	104
# 25. 집착에 대하여	111
# 26. 자유에 대하여	113
# 27. 정의란 무엇인가	118
# 28. 누가 가난한 자인가	121
# 29. 고고(孤高)함이란	138
# 30. 고통에 대하여	141
# 31. 선과 악에 대하여	146
# 32. 성공에 대하여	149
# 33. 세상에 대한 이해	150

1.　　　　　　　　　　　　**알바트로스, 대붕, 박제된 천재**

여러분은 성공하지 못했다고, 아직 유명해지지 않았다고 스스로를 비하하고 있지는 않은가?
그렇다면 이상의 〈날개〉에 '박제된 천재'를 생각하고, 보들레르의 '알바트로스'를 생각하고, 장자의 '대붕'을 생각하라.
드문 사람은 세상의 이방인이다.
쉽게 환영받지 못하며, 받아들여지려면 적어도 반세기나 그의 사후에나 가능한 경우를 많이 보았을 것이다.
알바트로스의 큰 날개가 지상에서 그토록 무용(無用)함을 보들레르는 말했고, 대붕이 그 큰 날개로 날기까지 얼마나 큰 노력과 시간이 필요한지, 또 한 번 날면 그 스케일이 얼마나 거대한지에 대해 장자는 말하고 있다.
노자는 대기만성(大器晩成)이라는 말을 한다.
큰 그릇이 이루어지려면 스케일에서 오랜 시간이 걸리듯, 그대들의 그릇이 아직 만들어지지 않았음을 생각하라.
어쩌면 그대는 신중한 사람이며, 정성이 무엇인지 아는 사람이며, 큰 그릇을 만들고 있는 장인인지도 모른다.
장인이 원을 만들며 끊임없는 변화를 거쳐 그릇을 완성해가듯, 그대는 끊임없는 좌절을, 또는 성공을, 또는 변화를 거치며 거대한 그릇을 만든다고 생각하라.

언젠가 원이 완성되어 그릇이 만들어질 때, 그대는 알바트로스가 되고, 대붕이 될 것이다.

하지만 그대가 박제가 된 천재로 남게 되더라도 슬퍼하지 말라.

어느 시인의 말처럼 옥돌같이 호젓이 묻혔다고 생각하라.

2. 사랑에 대하여

남과 여가 있기에 사랑도 있는 것이다.
플라톤의 〈향연〉에서는 신이 인간의 힘이 막강하여 이를 견제하기 위해, 남녀 한 몸인 인간을 남과 여 둘로 나누어놓았다고 한다.
결국 완전함이 불완전함이 되었기에, 완전함을 위해 끊임없이 갈구하는 것이 사랑인 것이다. 너무나도 자연스러운 현상이며, 긍정적인 현상이다. 그래서 우리는 사랑할 때 얼마나 행복한가.
모든 예술과 영화, 소설, 시 등 우리들 삶의 가장 큰 관심사가 남녀 간의 사랑인 것도 당연한 일이다.
성경에서는 하나님이 남자를 먼저 만들고, 남자의 갈비뼈로 여자를 만들었다고 한다. 남자가 갈비뼈 없이 어찌 살겠는가.
사랑은 결국 완전함을 위해 필연적이며, 자연의 이치와도 같은 것이다. 여자는 남자가 쉬는 곳이다. 노자 《도덕경》에 나오는 골짜기와 같은 것이다. 골짜기는 가장 낮은 곳이므로 받아주지 않는 것이 없다.
동양에서는 음과 양이라는 것으로 세상을 설명한다.
플라톤의 〈향연〉에서는 한 인간을 왜 남과 여 둘로 나누었다고 하고, 성경에서는 왜 굳이 한 몸에서 갈비뼈를 취했으며, 동양 사상에서는 왜 음과 양으로 나누었을까.
고인 물은 썩는다. 흐르지 않기 때문이다. 전기도 음극과 양극이 있어 흐르지 않는가. 세상을 변화와 역동으로 이끌어가는 것은 이 음과 양의 조화로 인한 흐름인 것이다.
공자가 책을 묶은 가죽끈이 세 번이나 끊어지도록 읽었다던 그 유명한 《주역》이란 책도 변화를 전제로 그에 대한 이치를 밝힌 책이다.
결국 세상의 근본 이치, 자연의 이치는 변화인 것이다.
헤라클레이토스는 '만물은 유전(流轉)한다'는 말을 남겼다.
같은 물에 두 번 발을 담글 수는 없다. 물은 항상 흐르기 때문이다.
밝음 옆에는 언제나 그림자가 있고, 낮 뒤에는 언제나 밤이 온다.
남자는 양이고, 밝음이고, 낮이며, 태양이다.
여자는 음이고, 그늘이고, 밤이다.
한낮의 뜨거움을 식히는 것이 밤이다. 남자(양)는 지칠 줄 모르고 일만 하는 에너지이다. 쉬지 못하면, 스스로를 태울 것이다.
어둠(밤)이 식혀주어야만 다음 날 다시 뜨겁게 타오를 수 있다.
그래서 여자는 남자가 쉬는 곳이라는 것이며, 끊임없는 변화 속에 완전함을 갈구하는 것이 사랑인 것이다.
문제는 사랑도 흐르는 물처럼, 낮과 밤의 반복처럼, 끊임없이 변화하며 새로워진다는 것이다. 결국 사랑이란 이름으로 가두어버리는 것은 고인 물과 같이 썩을 것이며, 끊임없는 변화와 새로움이라는 자연의 이치에 대립하여 부자연스러운 것이어서 삶에 있어서 오히려 괴로움이 될 수도 있는 것이다.

3. 장자 '사랑'을 말하다

하나됨은 완전한 것이다. 이 안에서 모두는 완전히 평화롭고 행복할 수 있다. 하나됨을 나는 '사랑'이라 말한다.
많은 경전과 성현들의 말에는 사랑이 빠지지 않는다.
표현만 다르다.
단군의 건국이념인 '홍익인간', 프랑스의 '박애', 묵자의 '겸애', 예수의 '사랑', 석가모니의 '자비', 공자의 '인(仁)', 맹자의 '측은지심(惻隱之心)', 소크라테스의 '세계시민사상', 체게바라의 '혁명정신', 마호메트는 '가장 완성된 인간이란 이웃을 두루 사랑하는 사람'이라 했고, 인도의 힌두교 경전인 《바가바드 기타》도 사랑에 뿌리를 두었다.

장자의 두 가지 이야기를 소개한다.

'조삼모사(朝三暮四)'는 다들 알 것이지만, 이것이 사랑에 관한 가르침이라는 것을 아는 이는 거의 없을 것이다.

"정신과 마음을 통일하려고 수고를 하면서도 모든 것이 같음을 알지 못하는 것을 '아침에 세 개'라고 말한다. 무엇을 '아침에 세 개'라고 하는가? 옛날에 원숭이를 기르던 사람이 원숭이들에게 도토리를 주면서 '아침에 세 개 저녁에 네 개(조삼모사)를 주겠다'고 하자 원숭이들은 모두 화를 냈다. 다시 '그러면 아침에 네 개 저녁에 세 개 주겠다'고 하자 원숭이들은 모두 기뻐하였다. 명분이나 사실에 있어 달라진 것이 없는데도 기뻐하고 화내는 반응을 보인 것도 역시 그 때문이다. 그래서 성인은 모든 시비를 조화시켜 균형된 자연에 몸을 쉬는데, 이것을 일컬어 '자기와 만물 양편에 다 통하는 것'이라 한다."[1]

원숭이들에게 아침에 세 개를 주고 저녁에 네 개를 주거나, 저녁에 세 개를 주고 아침에 네 개를 주거나 총합에 있어서는 변함이 없지만 원숭이들은 왜 화를 내는가.
하나(하루)를 아침과 저녁 둘로 갈랐기 때문이다.
하루로 보면 총합은 언제나 7개로 같지만(zero sum), 아침과 저녁으로 나누어보면 한쪽은 다른 쪽에 비해 하나 많거나 하나 부족하여 언제나 다툼이 있기 마련이다.
너와 나를 가르면 결국 다투기 마련이다.
나와 남을 가르지 않는 것. 그것이 하나됨이며, 곧 사랑이고, 서로 다툴 일이 없어 집착과 고통이 없어진다.
사랑은 곧 스스로가 행복해지는 가장 지혜로운 길이다.
그래서 묵자는 '세상에 남이란 없다'란 말로 사랑을 정의했다.
장자의 이야기는 놀라울 정도로 비유에 탁월하다.
그는 또 다른 이야기에서 다음과 같이 말한다.

---

[1] 장자 지음, 김학주 옮김, 《장자》, 연암서가, 2010.

"배를 골짜기에 감춰두고 어살을 못 속에 감춰두면 든든하다고 할 것이다. 그러나 밤중에 힘 있는 자가 그것을 짊어지고 달아날 수도 있는 것인데, 어리석은 자들은 그것을 알지 못한다. 크고 작은 것을 감추어두는 데에는 적당한 곳이 있겠지만, 그래도 딴 곳에 옮겨질 곳이 있는 것이다. 만약 천하를 천하에 감추어두면 옮겨질 곳이 있을 수가 없는데, 이것이 영원한 만물의 위대한 실정인 것이다. 그러므로 성인은 물건이 딴 곳으로 옮겨갈 수 없이 모두가 존재하는 경지에 노니는 것이다."[2]

'천하를 천하에 감춘다'는 것에서 '천하'의 의미는 조삼모사 이야기에서 '하루(하나)'에 해당하는 것이다. 결국 7개로 옮겨질 곳이 없다. 대단한 비유이다. 장자는 또 다른 이야기를 통해 사랑에 대한 동일한 비유를 하고 있는 것이다.
결국 하나됨이 사랑인 것이다.
세상에 남이란 없는 것이다.

---

[2] 장자 지음, 김학주 옮김, 《장자》, 연암서가, 2010.

4. 유머(humor)

유머는 우리가 입고 있는 모든 관습과 무기를 무장 해제시켜 어린아이의 동심으로 만들어버린다.
원시 자연인으로 되돌아가게 한다.
선악과를 따 먹기 이전 에덴동산으로 돌아와 위선의 가면을 벗고, 생긴 대로의 모습 그대로, 미소 지어지는 그대로, 너와 내가 하나임을, 같은 삶을 살고 있음을 느끼게 한다.
우리가 잘 아는 셰익스피어의 희극들과 세르반테스의 〈돈키호테〉, 신재효의 판소리 사설 등의 작품들 또한 유머 없이는 쓰여질 수 없는 명작들이다.

5.   원망에 대하여

가난과 부모를 원망하는 사람들이 있다.
사람은 하늘과 땅이 낳아 기르는 것이다.
부모는 낳아준 고향과도 같은 존재로 원망할 수 있는 대상이 아니다.
세상에 원망할 것이 있다면 자신을 낳아 기르는 하늘과 땅일 것이다.
하늘과 땅을 원망할 수 있겠는가.
소나무는 평지에 태어난 것도 있지만 한 줌 흙을 안고 절벽에 태어난 것도 있다.
하늘의 빛은 아니 비추는 곳이 없고 세상의 흙은 품어주지 않는 대상이 없다.

칭기즈칸은 말한다.

"집안이 나쁘다고 탓하지 말라. 나는 아홉 살 때 아버지를 잃고 마을에서 쫓겨났다. 가난하다고 말하지 말라. 나는 들쥐를 잡아먹으며 연명했고, 목숨을 건 전쟁이 내 직업이고 내 일이었다. 배운 게 없다고, 힘이 없다고 탓하지 말라. 나는 내 이름도 쓸 줄 몰랐으나, 남의 말에 귀 기울이면서 현명해지는 법을 배웠다. 너무 막막하다고, 그래서 포기해야겠다고 말하지 말라. 나는 목에 칼을 쓰고도 탈출했고, 뺨에 화살을 맞고 죽었다 살아나기도 했다. 적은 밖에 있는 것이 아니라 내 안에 있었다. 나는 내게 거추장스러운 것은 깡그리 쓸어버렸다. 나를 극복하는 그 순간 나는 칭기즈칸이 되었다."[3]

---

3) 김종래 저, 《칭기스칸의 리더십 혁명》, 크레듀, 2007.

6.   약속, 맹세에 대하여

약속이나 맹세가 지켜질 것이라 생각하는가?
지켜질 수 있겠지만 그렇다면 그는 우연일 뿐이다.
사람은 변한다. 세상에 변하지 아니하는 것은 존재하지 않는다.
변화를 가정할 때 약속이나 맹세가 지켜지길 바란다는 것은 모순이다.
그러면 우리는 왜 굳이 약속이나 맹세를 하는가.
변화에 대한 두려움 때문일 것이다.
세상이 변하고, 어제의 나는 오늘의 나가 아니다. 똑같은 강물에 발을 두 번 담글 수는 없다. 어제의 나는 흘러가버리고, 오늘은 새로운 내가 태어난다.

사랑의 맹세를 비롯한 모든 맹세는 거짓일 때만 가능하다. 모든 맹세는 미래에 살기 때문이다. 미래는 변한다. 어제의 나는 오늘의 나가 아니다. 사실은 사실대로 받아들여야만 한다.

어른들이 말하는 '보증 서지 마라'는 것은 지혜에서 나온 말씀이다. 보증이란, 나도 상대도 상황도 변하지 않을 것이라는 확신 아닌가.

몽테뉴는 《수상록》에서 이렇게 말한다.

"피타고라스는 모든 사람들은 흘러가고 흩어져 간다고 하였다. 스토아학파들은 현재라는 때는 없는 것이고, 우리가 현재라고 부르는 시간은 미래 과거가 합치는 연결점에 불과하다고 하였다. 헤라클레이토스는 동일한 강물 속에 두 번 들어가본 사람은 없었다고 하였다. 에피카르모스는, 이전에 돈을 차용한 자는 지금 빚을 지고 있는 것이 아니며, 지난밤에 다음 날 조반에 초대된 자는 그자가 이미 똑같은 자가 아니니까 지금은 초대받지 않고 오는 것이며, 그들은 이미 다른 자들이 된 것이라고 하였다. 그리고 한 죽어갈 자의 실체는 두 번 동일한 상태에 있을 수 없으므로, 그 실체는 급격하고 가볍게 변화하여 가며, 이때는 흩어지고 저 때에는 한데 뭉치며, 그것은 오고, 그리고는 가버린다는 것이다. 그래서 출생하기 시작하는 것은 결코 완벽한 존재에까지 이르지 못한다. 그것은 출생이라는 것이 결코 완수되는 일이 없고, 목표에 도달한 것으로 정지하는 일이 없으며, 반대로 종자 때부터 항상 하나에서 다른 것으로 변하고 변화해가는 것이라고 한다. 마치 인간의 정액이 어미의 배 속에 들어가서 형체 없는 열매를 맺으며, 다음에 어린애가 형성되어 밖으로 나와서는 젖먹이가 되고, 다음에는 소년이 되고, 연속해서 청년이 되며, 다음에는 성년, 장년으로, 마지막에는 쇠잔한 늙은이가 된다는 식이다. 이렇게 연대와 연속하는 세대는 항상 먼저 것을 해체시켜 부숴가는 것이다. '실로 시간은 세상의 모든 본성을 변화시킨다. 모든 일은 한 상태에서 필연적으로 다른 상태로 바뀌게 되어 있다. 그리고 자체로 닮아서 남는 것은 없이, 모두가 옮기어 바뀌며, 자연은 모든 것을 변형시키고 변하게 강제한다.' (루크레티우스)

또 우리는 이미 죽음의 종류들을 거쳐왔고, 하고많은 다른 종류의 죽음들을 겪어가는 바에, 우리가 한 종류의 죽음을 두려워한다는 것은 어리석은 일이다. 헤라클레이토스가 말하던 바와 같이, 불의 죽음은 공기의 출생이며, 공기의 죽음은 물의 출생일 뿐만 아니라, 우리는 더 확실하게 그것을 자신에게서 볼 수 있기 때문이다. 청춘기는 노년이 닥쳐오면 사라져가고, 청년기는 장년기에 끝맺고, 소년기는 청년기에, 그리고 유년기는 소년기에 사라지며, 어제는 오늘에 사라지고, 오늘은 내일에 죽어 없어질 것이며, 늘 그대로 머물러서 똑같은 하나로 있는 것은 아무것도 없기 때문이다.

사실이 그렇다는 증거로, 우리가 늘 하나로 동일하게 머무른다면 우리는 어떻게 이때는 한 사물을 가지고 즐기고, 저 때는 다른 사물을 가지고 즐기는 것일까? 어떻게 우리는 반대되는 사물들을 사랑하기도 하고 미워하기도 하며, 칭찬도 하다가 책망도 하는 것일까? 어떻게 우리는 동일한 사상 속에 동일한 심정을 품고 있지 못하며 다른 마음을 품게 되는 것인가? 우리가 변하지 않고는 다른 정열을 품는다는 것은 진실하지 못하다. 그리고 변화를 겪는 것은 동일하게 머무르지 못하며, 동일하지 않으면 역시 있음이 아니다. 그러나 온전히 하나로 있는 존재와 함께 단순한 존재는 변화하며, 항상 하나의 것으로부터 다른 것으로 되어간다. 그렇게 변화하는 까닭에 자연의 감각들은 속고 속이며, 존재하는 것이 무엇인가를 잘 모르기 때문에 바깥으로 나타나는 것을 존재하는 것인 줄로 안다."[4]

---

4) 몽테뉴 저, 손우성 역, 《몽테뉴 수상록》, 동서문화사, 2007.

유명한 작가 중 더러는 임종의 순간에 자신의 작품을 모두 태워 버리라는 말을 하곤 하는데, 어제의 작품을 대하는 오늘의 그는 또 다른 사람이기 때문이다. 작가가 항상 그의 작품에 불만인 것은 그의 숙명일 수밖에 없다.

그러하므로 변화 앞에선 약속도, 맹세도, 영원한 친구도, 영원한 적도 없다.

그래서 침묵은 금인 것이다.

7.　　　　　　　　　　　　　　　　　　　**소유물에 대하여**

소유란 식어진 열정이다.
우리는 가지고 있는 것에 더 이상 관심도 없고, 돌아보지도 않는다.
산을 오르면 다시 내려갈 뿐이다.
소유는 타락하는 욕망의 정점이다.
잔이 채워져 있을 때는 마시던가, 유효기간이 지났을 때는 비워버려야 한다.
잔은 비워져 있을 때 비로소 쓰일 수 있기 때문이다.

# 8.   용기에 관하여

우리가 가진 창의성과 훌륭한 계획, 꿈, 희망이 한순간에 사라지는 이유가 무엇인지 아는가.
용기가 없어서이다.
플라톤은 '시작이 반이다'가 아니라 시작은 반보다도 더 가치 있는 것이라고 말하면서, 그 누구도 시작의 가치를 잘 설명하지 못했다고 한다.
그러한 시작에 우리가 발을 들여놓을 수 없는 이유가 무엇인지 아는가.
용기가 없어서이다.
용기가 없다면 시작 자체가 없을 것이다.
괴테는 '꿈을 품고 무언가 시작할 수 있다면 용기로써 실행하라. 그곳에 당신의 천재성과 기적이 모두 숨어 있다'라고 말한다.
우리는 모두 알고 있는지 모른다. 하고 싶은 일을 하는 것이 행복이라는 것을. 그런데 왜 실행에 주저하는가.
용기가 없을 따름이다.
용기는 왜 없는가.
두려움과 불안이 그 원인이다.
우리가 목표를 찾았을 때는 행동해야 이룰 수 있다.
플라톤은 《국가》에서 의지의 덕이 용기라고 했다.

목표는 의지를 낳고, 의지는 용기를 품어야 실행에 옮길 수 있는 것이다.

니체는 베수비오 화산의 폭발이 두렵다면 차라리 그 바로 밑에 집을 짓고 위험하게 살라고 말한다.

왜냐하면 나를 죽이지 못하는 것은 나를 더욱 강하게 만들 것이기 때문이다.

Amor Fati(네 운명을 사랑하라)라고 말한다.

운명의 결과는 아무도 알 수 없으며, 피할 수도 없기에 정면 대결하라고 말한다.

운명은 아무도 피할 수 없다. 그렇다면 차라리 사랑해야 할 것이다. 다행히 그 운명이 나를 굴복시키지 못했다면 나는 더욱 강해질 것이다. 이러한 삶에는 필연적으로 용기가 필요하다.

세네카는 운명에 대해 다음과 같이 말한다.

"운명을 무시하라. 나(신)는 운명에게 너희의 영혼을 칠 수 있는 무기를 주지 않았다."[5]

믿음과 신념, 용기로 무장한 고귀한 영혼은 운명조차도 칠 수 없다고 말한다. 세네카의 말대로라면 운명은 극복 가능한 것이다.

용기에 의한 행동은 두려움 없이 행하는 것이며, 따라서 어떤 결과

---

[5] 루키우스 안나이우스 세네카 저, 천병희 역, 《인생이 왜 짧은가》, 숲, 2005.

만을 바라고 하는 행동은 정의와 신념, 용기와는 거리가 멀다.
결과에 두려워하고 집착하여, 네 행동의 결과를 네 동기로 삼는다면 삶은 속박되고 불순해질 것이다.

탈무드는 말한다.

"승자는 과정을 위해 살고, 패자는 결과를 위해 산다."

용기는 결과를 두려워함 없이 과정 속에 살게 할 것이다.
그렇다면 두려움 없는 용기는 어떻게 생기는가.

한비자는 다음과 같이 말한다.

"자식이 귀여운 자는 그 자식을 사랑하고 생명을 소중히 하는 자는 그 몸을 사랑하며 공적을 귀하게 여기는 자는 그 일을 사랑한다. 사랑이 깊은 자모는 어린 자식이 행복해지도록 힘쓰고 행복해지도록 힘쓰면 화를 물리치는 일을 하게 되고 화를 물리치는 일을 하게 되면 사려가 깊어지고 사려가 깊어지면 사리를 알게 되고 사리를 알게 되면 반드시 성공을 거두고 반드시 성공을 거두면 일을 실행할 때 망설이지 않는다. 망설이지 않는 것을 가리켜 용기라고 한다. 성인이 모든 일에 대처하는 것도 모두 자모가 어린 자식을 위하여 염려하는 것과 똑같다. 그러므로 반드시 행하지 않을 수 없는 도를 찾아낸다. 반드시 행하지 않을 수 없는 도를 찾아내면 (사리에) 밝아지고 그 일에 종사할 때 역시 망설이지 않는다. 망설이지 않는 것을 가리켜 용기라고 한다. 망설이지 않는 것은 자애로부터 생긴다. 그러므로 노자에 말하기를 '자애롭기 때문에 능히 용감해질 수 있다'고 하는 것이다."[6]

노자《도덕경》은 이렇게 말한다.

"자애로우므로 용감할 수 있고, 검소하므로 넉넉할 수 있고, 감히 천하에 앞서지 않으므로 웃어른이 될 수 있다."

용기는 자애로움, 즉 타인에 대한 사랑에서 나온다는 것을 알아야만 한다.
자애로움 없이 용맹하기만 했던 전쟁 영웅 아킬레우스나 알렉산더, 카이사르의 용기는 만용이었으며, 사랑에서 비롯한 체게바라나 묵자, 소크라테스의 헌신은 자애로움에서 드러난 진정한 용기였음을 알아야 한다.

---

6) 한비 저, 이운구 역,《한비자 1-2》, 한길사, 2002.

#9.　　　　　　　　　　　　　　　　능력에 관하여

능력이란 무엇인가. 능히 할 수 있는 힘이다.
능력은 사람마다 다른가. 어떤 일을 누구는 잘하고 누구는 잘 못할 수 있다. 그런 면에서 어떤 한 분야에 있어서 능력은 사람마다 다를 것이다. 하지만 모든 이에게 주어진 에너지는 비슷하다고 생각한다.

다음은 《한서(漢書)》〈동중서전〉에 나오는 말이다.

豫之齒者 去其角 傅其翼者 兩其足 是所受大者 不得取小也.

"이빨을 가진 자는 뿔이 없고, 날개를 단 것은 다리가 두 개밖에 없다. 이처럼 큰 것을 받은 자는 작은 것까지 취해 가질 수 없다."

하늘은 차별하지 않는다는 말이다.
그대에게는 이빨이 없더라도 뿔이나 날개가 분명히 있을 것이다.
알바트로스의 큰 날개는 하늘에서 위용을 뽐내지만, 땅에서는 오히려 걷기조차 방해하는 거추장스러운 것이다.
자신의 자리를 찾았을 때 비로소 능력을 발휘할 수 있다.
그렇다면 자신의 자리란 무엇인가.

공자의 말에서 답을 찾을 수 있다.

知之者不如好之者 好之者不如樂之者.

"아는 사람(지적으로 뛰어난 사람)은 좋아하는 사람만 못하고, 좋아하는 사람은 즐기는 사람만 못하다"는 것인데, 이는 흥미와 즐김 자체가 가장 큰 경쟁력이자 가장 큰 발전 가능성이란 말이다.
즉, 흥미를 느끼는 곳, 즐기는 자리가 자신이 있어야 할 자리인 것이다. 즐기는 자는 밤을 새워가며 즐기지 않는가. 그를 어떻게 경쟁에서 이길 수가 있겠는가.
어떠한 천재도 밤늦도록 잠자지 않고 즐기는 사람을 경쟁력에서 따라갈 수가 없다.
즐기는 것 자체가 최고의 능력이며 천재성이며 최고의 기쁨이다. 이것이 직업이 된다면 그의 노동은 또 얼마나 행복할 것인가.
에디슨이 말하기를 자신은 하루도 일을 해본 적이 없다고 했다. 즐기는 자가 어떻게 직업을 일이라고 생각하겠는가.
너무도 행복한 인생인 것이다.
즐기는 자리에 있는 자가 그 분야에서 최고의 능력자가 되는 것은 당연한 일이다.

다음은 어느 인디언의 말이다.

"마음이 담긴 길을 걸으라. 모든 길은 단지 수많은 길 중의 하나에 불과하다. 그러므로 그대가 걷고 있는 그 길이 단지 하나의 길에 불과하다는 사실을 언제나 기억하고 있어야 한다. 그대가 걷고 있는 그 길을 자세히 살펴보라. 필요하다면 몇 번이고 살펴봐야 한다. 만약 그 길에 그대의 마음이 담겨 있다면 그 길은 좋은 길이고, 만약 그 길에 그대의 마음이 담겨 있지 않다면 그대는 기꺼이 그 길을 떠나야 하리라. 마음이 담겨 있지 않은 길을 버리는 것은 그대 자신에게나 타인에게나 결코 무례한 일이 아니니까."[7]

칼릴 지브란의 '예언자'는 말한다.

"일은 사랑이 눈으로 볼 수 있게 나타난 것이다.
그대가 만일 사랑으로 일할 수 없고 싫은 마음으로 일할 수밖에 없거든, 차라리 일을 떠나 사원 문 앞에 앉아, 기쁨으로 일하는 이들에게 구걸을 하는 것이 낫다.
왜냐하면 만일 무관심 속에서 빵을 굽는다면, 그대는 인간의 배고픔을 반밖에 채우지 못하는 맛없는 빵을 구울 것이므로.
또한 적의를 품고 포도 열매를 밟는다면, 그대의 적의가 그 포도주 속에서 독을 뿜을 것이므로.
또한 천사처럼 노래하면서도 그대 자신이 노래를 좋아하지 않는다면, 그대는 사람들을 귀멀게 해 낮의 소리와 밤의 소리를 듣지 못하

---

[7] 시애틀 추장 외 저, 류시화 엮음,《나는 왜 너가 아니고 나인가》, 더숲, 2017.

게 만들 것이므로."[8]

강의 시간에 아이들의 고민 상담을 해준 적이 있었다.
한 아이가 진지하게 말했다.
"저는 왜 제 자신이 쓰레기 같다는 생각이 들까요?"

많은 아이들이 있는 교실에서, 자신은 쓰레기인 것 같다고 말한다.
충격적인 이야기이다.
주변 자기 또래 친척들 모두 공부를 잘하는데 자기만 돌연변이란다.
이는 사회의 중요 가치가 하나만으로 정해진 이유로 인한 것이다.
그 아이의 눈에는 공부만이 가치인 것이다.
이빨만이 능력인 것이다. 우물 밖에도 아름다운 별이 있다는 것을 모르는 개구리와 같다. 이 아이를 우물 밖으로 꺼내주고 싶었다. 분명 그 아이도 공부 말고 잘하고 좋아하는 것이 있을 것이다.

공부만이 가치인 세상에서 이 아이는 좌절할 수밖에 없다. 이빨을 가진 자만이 우대받고, 그 외엔 가치가 없다고 생각하게 만든 우리 사회, 우리 부모의 잘못이 크다. 이 아이에게는 이빨이 없더라도 뿔이나 날개가 분명히 있을 것이다.

---

8) 칼릴 지브란 저, 류시화 옮김, 《예언자》, 무소의뿔, 2018.

그날 저녁 이 아이를 위한 시를 하나 적었다.

반딧불이에게 - 어느 상심한 젊은 청년에게

반딧불이야 태양과는 벗하지 말아라
태양은 낮에 살고 너는 별빛 가득한
달빛 포근한 밤에 살아라
별과 달이 없으면 더욱 좋으리
너는 어둠을 먹고 사는 작은 빛
세상 어두울수록 더 커지는 너의 마음
암흑 속에 피는 희망
어두워서 더 아름답게 빛나는 꽃

인간의 능력은 모두 다 반딧불이 정도일 것이다. 사람들이 바라는 가치가 한쪽에 치우치다 보니 아이들의 눈에는 그것만이 태양처럼 커 보일 것이다. 나와 상관없는 태양과 겨룰 필요는 없다. 누구나 태양이 될 수 있다는 것을 사람들은 잘 모른다. 가치는 창조하는 것이다. 어둠 속으로 용감하게 전진해보자. 자신이 얼마나 밝은 존재인가를 알 것이다. 하나의 태양만이 있는 사회, 다양성이 없는 사회는 얼마나 갑갑하고 재미없는 세상인가. 캄캄한 어둠일수록 반딧불이의 모습이 더욱 밝아짐을 모두가 알고 있지만, 그러한 곳으로 나아갈 용기를 갖기란 사실 쉽지 않다는 것을 안다.

희망과 용기를 주어야 한다. 다양한 가치가 평등하게 공존할 수 있는 사회를 만들어가야 한다. 그러면 모두가 자기 자리를 찾아가는 즐거운 여행을 할 것이다.

다음은 아메리카 인디언 추장의 말이다.

"우리가 이해할 수 없는 것은, 당신들은 어떤 사람을 따르고 같이 행동함으로써 자신들도 그와 같은 우월한 입장이 되었다고 착각한다는 것이다. 그래서 패거리를 만들고, 다른 패거리에 속한 사람들을 비난하고 공격하는 것이다.

사람에게 가장 필요한 일은 자신이 누구인지 아는 일이다. 인디언 창조 설화에서는 사람은 저마다 여행할 길이 다르다고 말한다. 그 다른 여행길에서 자기만이 가진 선물을 나눠 갖는 것이야말로 가장 가치 있는 일이라고 설화는 가르치고 있다.

우리는 말한다. 신은 각자에게 특별한 선물을 주었으며, 모든 존재가 다 특별하다고. 또한 모든 사람은 다른 사람에게 있어서 가장 특별한 선물이라고. 왜냐하면 사람마다 나눠 가질 특별한 어떤 것을 갖고 있기 때문이다. 우리의 정부 형태가 원으로 되어 있어서 모든 사람이 똑같은 기여를 하게 된 것도 이런 깨달음에서 비롯된 것이다."[9]

---

[9] 시애틀 추장 외 저, 류시화 엮음, 《나는 왜 너가 아니고 나인가》, 더숲, 2017.

#10.　　　　　　　　　　　화수분 – 줄지 않는 재산

써도 써도 줄지 않는 재산이 있는가.
있다.
촛불처럼 아무리 나누어주어도 줄지 않는 재산이 있다.
자신의 밖에 쌓아놓은 재산은 내 것이 아니다. 언제든 잃을 수 있는 위험을 안고 있을 뿐만 아니라 잘못 사용하면 자신의 목숨도 위태로워진다.
자신의 내면에 쌓아놓은 재산이야말로 진정한 재산이다. 그런 재산은 누구도 빼앗을 수 없고 화수분처럼 나누고 나누어도 없어지지 않는다. 촛불을 나누어주었다고 해서 없어지지 않듯이 좋은 시대를 만나면 명예로울 수도 있으며, 그렇지 않다 하더라도 스스로 만족하기에 부족함 없는 재산이기에 행복의 좋은 조건이 된다.
내면이 아름다운 사람이 되자. 그러면 사랑받게 될 때 의심하지 않을 것이다.

다음은 고대 그리스의 한 철학자의 이야기이다. 그는 부자였다고 한다.

"당신은 왜 불타는 당신의 집에서 아무 재산도 가지고 나오지 않았습니까?"

"나는 내 모든 재산을 가지고 나왔소."

그의 재산은 그의 내면에 있었던 것이다. 죽을 때까지 그의 재산은 빼앗기지 않을 것이다. 그의 재산은 부하고 귀해진다 해도 더해지는 것이 없고, 가난하고 천해진다 해도 덜해질 것이 없다.

공자는 말한다.

"부하고 귀해진다 해도 더해지는 것이 없고, 가난하고 천해진다 해도 덜해질 것이 없다. 이것이 곧 선비라는 것이다."

마태복음(6:19-20)은 다음과 같이 말한다.

"너희를 위하여 보물을 땅에 쌓아두지 말라. 거기는 좀과 동록이 해하며 도적이 구멍을 뚫고 도적질하느니라. 오직 너희를 위하여 보물을 하늘에 쌓아두라. 거기는 좀이나 동록이 해하지 못하며 도적이 구멍을 뚫지도 못하고 도적질도 못하느니라."

우리는 그런 재산을 만들어야 한다. 내면의 아름다움을 재산으로 쌓아가야 자기 자체로서 사랑받고, 어떠한 상황에서도 위로받을 수 있을 것이다.
재산이 많고 적음은 자신에게 큰 두려움의 대상이 되지 않을 것이며, 언제나 굳센 마음을 지니고 평온한 삶을 살 수 있을 것이다. 그러한 내적 재산은 촛불처럼 나눠주어도 사라지지 않고, 나누어주면 줄수록 더욱 늘어나는 아름다운 것들이다. 죽을 때까지 어느 누가 빼앗을 수도 없고, 주어도 줄지 않는 아름다운 재산이다.

11. 지혜에 관하여

성경에 오병이어(五餠二魚)라는 말이 나온다. 예수가 다섯 개의 떡과 두 마리의 물고기로 오천 명을 먹였다는 이야기이다. 이것은 물론 물리적으로 말이 안 된다. 성경은 상징적이며 함축적이다. 오병이어는 촛불의 나눔과 같이 아무리 주어도 줄지 않는 것을 상징한다. 이것이 지혜가 아닐까 한다.
지혜는 줄지 않고도 모두를 배부르게 하는 아름다운 영적 양식이며 재산이다.

우리는 모두가 행복해지기를 바란다. 그런데 행복이란 것은 사람에 따라 다른 가치를 가진다. 돈이 많은 것이 행복일 수 있고, 명예가 행복일 수 있으며, 인류에 대한 봉사가 행복일 수도 있다. 이러한 행복에 대한 다양한 가치는 개개인이 가진 다양한 사고에 의한 것이다. 왜 행복에의 길은 사람마다 다른가. 자신이 가진 지혜에 따라 다른 것이라고 생각한다. 나는 지혜의 다양성은 존중되어야 한다고 생각한다.

어쨌거나 행복은 자신의 마음에 달린 것이다. 스스로가 만족하면 행복이고 불만족이면 불행인 것이다. 스스로가 만족하다고 생각하는 기준은 각자가 가진 지혜에 의해서 달라진다. 그래서 지혜를 사랑하는 것은 철학만의 문제는 아닌 것이다. 모두의 행복에 기준점이 되기 때문이다. 그래서 종교 활동을 하는 사람, 철학을 공부하는 사람, 문학책을 읽는 사람, 인도의 요가 수행자들 등 다양한 방법으로 지혜를 찾고 있다.

자신의 삶에 반석으로 삼을만한 지혜를 얻은 사람은 스스로를 깨달았다고 말하기도 하고 부처처럼 해탈했다고 하기도 하고 세상의 풍파 따위는 걱정거리도 되지 않는다고 한다.

집을 지을 때 그 집이 오래가고 튼튼하려면 기초가 튼튼해야 한다. 사막에 집을 지어도 기초만 튼튼하다면 무너지지 않을 것이다. 흔히 초석을 놓는다고 말하는데, 지혜가 우리 삶의 초석이며 반석이자 주춧돌이다.

특히 청소년기에 자신만의 지혜가 마련되어야 한다고 생각한다. 많은 청소년들이 주춧돌도 놓지 않고 집을 짓겠다고 사막에 부지런히 돌을 쌓아 올리고 있다. 처음에는 잘 쌓아갈지도 모르지만 높아질수록 불안과 걱정은 커져만 갈 것이다. 그래서 우리는 불안과 걱정을 안고 사는 것이다.

지혜를 바닥에 깔고 집을 짓는 사람들은 불안과 걱정 없이 어떠한 집도 지을 수 있다. 태풍이 와서 집을 날려버린다고 해도 걱정할 것이 없다. 반석은 그대로 깔려 있으므로.

다음은 《법구경》에 나오는 말이다.

"아무리 바람이 불어도 반석은 흔들리지 않는 것처럼 어진 사람은 뜻이 굳세어 비방과 칭찬에 움직이지 않는다."[10]

집을 짓기 전에 단단한 반석(지혜)을 바닥에 깔아라. 여러분의 집은 어떠한 시련에도 흔들리지 않을 것이며, 그 지혜가 흔들림 없이 곧게 집을 지어 올릴 수 있도록 방향을 잡아줄 것이다.
기초나 반석 없이 집을 짓는다면 큰 집을 지을수록 위태롭고 불안할 것이며, 벌어들이는 돈은 삶의 수단이 아닌 목적이 될 것이며, 내 시간을 내가 지배하지 못하고 시간의 지배를 받게 될 가능성이 크다.
방향 없이 흘러가는 배와 같고, 표적 없이 쏘아진 화살과 같다.
지혜란 캄캄한 밤바다에 항해자들의 방향키를 잡아주는 북극성과도 같다.
여러분의 인생. 불안에서 떠난 평온한 삶을 원한다면 튼튼한 반석을 마련하라.
그것이 행복의 기반이다.

우리의 경험은 한계가 있고, 우리 각자의 지혜도 그러하다.

---

10) 사토 잇사이 저, 노만수 역, 《언지록》, 알렙, 2017.

하지만 예수의 오병이어(五餠二魚)처럼 지혜는 나누면 나눌수록 풍성해진다. 그래서 사람들은 재물을 나누면 적어지기 때문에 잘 나누려 하지 않지만, 지혜를 아낄 필요는 없다.

가장 빛나는 지혜는 오래 묵은 것이다. 흔히 말하는 고전이란 것이다. 왜 오래된 것이 가장 빛나는 것일까.
상식적으로 생각해보면 답이 나온다. 몇 천 년 동안 전해 내려왔다는 것은, 누군가에 의해 세대가 바뀌어도 계속 필사되어 왔다는 것이다.
왜 그랬겠는가. 적어 두고 다시 볼만한 가치가 있다거나, 나 혼자 보기 아까워 자식들에게나 이웃들, 멀리는 후손들에게 지혜를 나누어 주기 위한 마음일 것이다.

인류가 문명을 가진 이래로 그 오랜 동안 보존되어 내려온 인문학 고전들은 인류의 과거와 현재와 미래를 관통하는 변함없는 가치의 보고(寶庫)이다.

많은 재미와 지혜를 품고 있는 고전들은 인간이 필연적으로 마주쳐야 할 변화와 고통의 숙명을 의연히 대처할 수 있게 해줄 것이다. 여기에 인류의 미래가 있지 않을까?

12. 절제에 관하여

절제는 삶에 여백을 마련하여주는 것이니 그 안에서 쉴 수도 있고, 그 자체로 새로운 것을 받아들일 여건과 잠재력을 부여한다.
들을만한 말은 장황하지 않으며, 아름다운 음악은 시끄럽지 않고, 아름다운 숲은 또 좋은 그림은 빽빽하지 않다.
절제 안에서 가난은 맑고, 절제 안에서 부유함은 넘치지 않는다. 역설적이게도 절제가 가진 덕은 우아함이다.

절제란 무엇인가. 불필요한 것을 하지 않는 것이다.
왜 필요한가.

노자 《도덕경》은 말한다.

"갖고 있으면서도 그득 채우려는 것은 그만두느니만 못하고, 날카로운 끝을 더 뾰족하게 만들면 오래 보존할 수 없다."[11]

윗글에서는 날카로운 데에다가 날카로운 것을 더하는 것은 불필요한 일이며, 정신을 오히려 흐트러뜨리고 번거로움을 하나 더하는 것

---

11) 왕필 저, 임채우 옮김, 《왕필의 노자주》, 한길사, 2008.

이니 절제와 거리가 멀고, 항상성(恒常性)을 유지하기가 어렵다고 말한다.

사마천의 《사기》에는 노자와 공자의 만남과 대화가 담겨 있다. 노자는 공자를 신랄하게 비판하는데, 노자는 비우자고 하는 사람이고 공자는 채우자고 하는 사람이기 때문이다.
유교에서는 나날이 학문을 통해 지식을 더해가는 것을 중요시하고, 도가에서는 나날이 비워 어린아이에 가까워지는 것을 중요시한다.

노자는 비워놓아야 담을 수 있고, 빈 것으로 말미암아 모든 사물이 쓰임이 있게 된다고 하였다. 유(有)는 무(無)로 인하여 쓰임이 있다고 하였다.

다음은 《도덕경》의 내용이다.

"서른 개의 바퀴살이 하나의 바퀴통으로 모여 있으되,
그 중심에 빈 구멍이 있음으로써 수레로 쓰여진다.
찰흙을 이겨 그릇을 만듦에 그 가운데에 빈 곳이 있음으로써 그릇으로 이용되며,
창문을 내어 집을 짓는데 그 속에 빈 공간이 있음으로써 집으로 사용된다.
그러므로 유(有)는 무(無)를 이용해야 이롭게 쓰인다."[12]

---

12) 왕필 저, 임채우 옮김, 《왕필의 노자주》, 한길사, 2008.

쉽게 말해 가득 찬 그릇은 무엇을 담는 용기로서의 쓰임이 없어 무용하듯이, 집도 안의 공간이 비어야 방으로서의 쓰임이 있듯이, 유(쓰임이 있는 것)는 무(비어 있는 것)를 이용해야 이롭게 쓸 수 있다는 말이다.

많이 가지는 것이 중요한 것이 아니라 덜어냄의 중요성을 말하는 것이며, 이는 절제에 대한 중요한 가르침이기도 하다.
우리는 삶을 간소화할 필요가 있다. 가진 것이 오히려 삶의 불편을 가져오는 경우가 많고, 우리의 귀한 시간을 빼앗아 갈 때가 많기 때문이다.

《채근담》은 다음과 같이 말한다.

"인생은 일에 있어 일분(一分)을 줄이면 곧 일분을 벗어날 수 있으니, 사귐을 줄이면 곧 시끄러움을 면하고, 말을 덜면 곧 허물이 적어지고, 생각을 덜면 곧 정신이 소모되지 않고, 총명을 덜면 곧 본성을 보존할 수 있을 것이다. 날로 줄이기를 구하지 않고 날로 더하기만 찾는 이는 일생을 스스로 속박하는 것이다."[13]

그러면 부자들의 절제와 가난한 사람들의 절제는 다른가.
다르다. 부자들은 단지 시간을 더 벌 뿐이지만, 가난한 사람들은 덤

---

13) 홍자성 저, 《채근담》, 문예출판사, 2010.

으로 경제적으로 더 넉넉해질 수 있다. 절제의 덕에 의하면 불필요한 것은 덜어내는 것이다. 그렇다면 선택과 집중을 할 수 있게 된다. 다 가지려고 하면 가난한 사람이지만 내가 가지고 싶은 것을 선택해서 집중하면 못 가질 것도 없다.

그런데 현대 사회, 특히 우리나라는 많은 사람들이 돈을 버는 데 너무 많은 시간을 쓰고 있어, 삶의 한 수단인 돈이 삶의 목적이 되어버렸다. 절제의 미덕을 배울 필요가 있다.

절제의 또 다른 장점은 삶에서 불필요한 것을 덜어버리고 간소화함으로써 삶을 넉넉하게 하는 것이므로, 경쟁과 불안으로부터 점점 멀리 떨어지게 되며, 시간은 우리의 것이 된다.

《채근담》은 말한다.

"아주 좋은 차(茶)만을 구하지 않으면 차 주전자는 항상 마르지 않을 것이요, 향기로운 술만을 구하지 않으면 술 단지는 비지 않을 것이다. 꾸밈없는 거문고는 줄이 없어도 항상 고르며, 짧은 피리는 구멍이 없어도 절로 즐거우니, 비록 복희씨보다는 못할지라도 죽림칠현과는 벗할 수 있을 것이다."[14]

---

14) 홍자성 저, 《채근담》, 문예출판사, 2010.

13.　　　　　　　　　　　　　　　　　　　　실패에 관하여

인생에서 가장 역동적이며, 희망적인 시기는 청소년기일 것이다. 그렇지만 청소년들조차도 나약해지고, 무기력해지는 까닭은 무엇인가. 다양성이 인정되지 않고, 실패가 용납되지 않는 사회에서 용기를 잃은 것이다. 너무나 안타까운 일이다. 우리 사회도 아이들에게 숨 쉴 틈을 만들어주어야 한다. 우리 사회는 아직까지도 다양성의 가치가 평등하지 않고, 많은 기회가 주어지지 않는다.

핀란드는 '실패의 날'이라는 것이 있다. 핀란드에서는 매년 10월 13일 실패의 경험을 서로 공유하며 성공이 아닌 실패를 기린다. 실패의 가치를 존중하는 것이다. 위대한 정신이다. 마치 적을 사랑하는 것과도 같다. 맘껏 실패하라고 용기를 준다. 실패는 그들에게 성공의 어머니인 것이다. 그래서 그들은 실패가 두렵지 않다. 실패의 경험들은 삶의 굳은살이 되어 인생의 고통을 무디게 할 것이다. 더불어 많은 가능성과 다양성을 창출할 것이다. 결과가 아니라 과정을 중요시하게 될 것이다. 용기를 잃지 않게 할 것이다.

우리 사회도 아이들에게 실패를 죄악으로 여기지 않도록, 용기를 꺾지 않도록 도와주어야 한다. 이는 개인의 역할이 아니라 우리 사회가 해야 할 역할이다.

가장 큰 위험은 실패가 없는 것이다. 실패를 한 번도 하지 않고 정상에 선 사람은 없겠지만, 만약 있다면 조심해야 한다. 실패가 없는 사람은 자만에 빠지기 쉽고, 잘못된 자기 확신으로 심하면 목숨까지 위태로울 수가 있다. 한번 걸면 크게 걸기 때문이다. 쉽게 말해 손모가지를 건다. 지나친 자기 확신은 한 방에 모든 것을 다 잃을 수가 있다.

우리는 실패를 통해 배우는 것들이 있다. 겸손과 인내와 변화에 능동적으로 대처하는 힘 등을 배우지만, 가장 큰 것은 실패가 나쁘지만은 않다는 사실일 것이다.

니체는 말한다.

"어떤 사람들은 고통에서 환희를 맛보기도 한다. 그들은 폭풍이 밀려오는 구름 너머를 사랑하는 자들이다. 배가 뒤흔들릴 때마다 행복한 표정을 짓는다. 그렇다! 그들은 고통 속에서 행복을 찾아낸 것이다."[15]

한비자는 말한다.

---

15) 프리드리히 니체 저, 시라토리 하루히코 엮음, 박재현 옮김, 《니체의 말》, 삼호미디어, 2013.

"사람은 재앙을 당하면 마음이 두렵고 마음이 두려우면 행동을 바로 하게 된다. 행동을 바로 하게 되면 재해를 입지 않게 되며 재해를 입지 않게 되면 천수를 다하게 된다. 또 행동을 바로 하게 되면 사려를 깊이 하게 되고 사려를 깊이 하게 되면 사물의 이치를 알게 되며 사물의 이치를 알게 되면 반드시 일에 성공하게 된다. 천수를 다하게 되면 몸이 온전해지고 오래 살게 되며 반드시 일에 성공하게 되면 부해지고 귀하게 된다. 몸이 온전해지고 오래 살게 되며 부해지고 귀하게 되는 것을 가리켜 복이라고 한다. 그렇다면 복의 근본은 재앙을 당하는 데서 나온다. 그러므로 노자에 말하기를 '화란 복이 의존하는 곳이다'라고 하는 것이다. 그것으로 공을 이루게 된다는 것이다."[16]

다음은 《맹자》에 나오는 말이다.

맹자가 말하였다. "순임금은 밭 가운데에서 등용되었고, 부열은 토목 공사하는 중에서 등용되었으며, 교격은 생선과 소금을 파는 장사꾼 가운데서 등용되었고, 관이오는 감옥을 지키는 관리에게 잡혀 있는 중에 등용되었으며, 손숙오는 바닷가에서 등용되었고, 백리해는 저잣거리에서 등용되었다.
그러니 하늘이 그 사람에게 큰 임무를 내려주려 할 적에는 반드시 먼저 그의 마음과 뜻을 괴롭히고, 그의 육체를 고달프게 하며, 그의

---

16) 한비 저, 이운구 역, 《한비자 1-2》, 한길사, 2002.

몸을 굶주리게 하고, 그 자신을 궁핍하게 하며, 그의 하는 일이 그가 하려는 일과 어긋나게 한다. 그것은 그의 마음을 격동시키고 그의 성격을 참을성 있도록 해주어, 그가 할 수 없었던 일도 더 많이 할 수 있도록 해주기 위해서이다. 사람들은 대개 잘못을 저지른 후에야 그것을 고치게 되며, 마음에 어려움을 느끼고 생각을 여러 가지로 한 뒤에야 분발하여, 그것이 안색에 드러나고 목소리에 섞여 나온 뒤에야 깨닫게 되는 것이다. 나라 안에는 법도를 지키는 신하와 일을 도와주는 신하가 없고, 나라 밖에는 적대하는 나라나 걱정거리가 없다면, 그 나라는 일반적으로 멸망한다. 그러니 걱정과 어려움을 겪음으로써 살게 되고, 편안하고 즐겁게 지냄으로써 죽게 된다는 것을 알게 된다."[17]

---

17) 김학주 역주, 《맹자》, 서울대학교출판부, 2013.

#14. 행복에 관하여

행복이란 무엇인가.
답이 있다면 자기 삶에 대한 만족감일 것이다.
행복은 세상에 태어난 모든 이의 권리이다.

우리는 과정보다 결과에 치우친 삶을 산다. 행복은 결과가 아니라 과정 속에 있다. 결과는 알 수 없는 단순한 미래일 뿐이다. 삶은 과정이다.

행복은 하고 싶은 것을 하는 데에 있다. 하고 싶은 것에는 여러 가지 제약들이 따르기 때문에 용기가 필요하다. 용기가 있어야 시작이란 것을 할 수가 있다. 시작이 정말 중요한 것이다.
플라톤은 시작이 반보다 더 가치가 있다고 하지 않았는가.
용기가 없으면 시작부터가 없다. 시작이 없는 것은 꿈이 없는 것과도 같다.
시작을 하면 우리는 결과에 상관없이 과정에 들어서게 된다. 이 과정은 자신이 선택한 과정이기 때문에 불순물이 없다. 행위 자체가 행복이 된다.
당신이 시작만 한다면 행위 자체가 행복한 과정에 들어서게 된다.

성공과 결과는 이미 중요치 않다. 당신은 이미 즐기고 있으니 말이다. 우리의 삶의 행복은 과정에 있으며, 결코 그 결과에 있지 않다.

성경은 말한다.

"구하라 그러면 너희에게 주실 것이요 찾으라 그러면 찾을 것이요 문을 두드리라 그러면 열릴 것이니, 구하는 이마다 받을 것이요 찾는 이가 찾을 것이요 두드리는 이에게 열릴 것이니라."

행복은 스스로의 용기 있는 의지의 선택에서 비롯된다.
여러분의 선택을 믿어라. 그러면 행복해질 것이다.

《탈무드》는 말한다.

"승자는 과정을 위해 살고, 패자는 결과를 위해 산다."

백범 김구는 행복의 조건을 높은 문화의 힘이라고 했다. 문화를 통해 우리 스스로 행복해지기도 하지만 인류에게 행복을 나눠줄 수 있다고 믿었기 때문이다. 지금 부족한 인의, 자비의 정신을 배양하는 것은 오직 문화라고 보았는데, 신기하지 않은가?
김구의 〈나의 소원〉이 현재 우리나라에서 실현되고 있으니 말이다. BTS가 빌보드 차트 1위를 하고, 봉준호 감독의 영화가 보수적이기로 유명한 아카데미상 4개 부문을 휩쓸었다.

요즘 우리나라 문화 체육계는 이미 세계적인 발전을 이룬 것으로 보인다. 영화, 체육, 음악 부문에서 이미 세계적이다.
문학 부문에서 세계적인 작가가 나왔으면 하는 바람이 있다. 그러면 백범 김구 선생님이 그렇게도 원하던 '높은 문화의 힘'을 가진 나라가 되었다 해도 과언이 아닐 것이다.

다음은 백범 김구 〈나의 소원〉의 일부분이다.

"나는 우리나라가 세계에서 가장 아름다운 나라가 되기를 원한다. 가장 부강한 나라가 되기를 원하는 것은 아니다.
내가 남의 침략에 가슴이 아팠으니 내 나라가 남을 침략하는 것을 원치 아니한다. 우리의 부력은 우리의 생활을 풍족히 할만하고 우리의 강력은 남의 침략을 막을만하면 족하다.
오직 한없이 가지고 싶은 것은 높은 문화의 힘이다. 문화의 힘은 우리 자신을 행복 되게 하고 나아가서 남에게 행복을 주겠기 때문이다. 지금 인류에게 부족한 것은 무력도 아니요 경제력도 아니다. 자연 과학의 힘은 아무리 많아도 좋으나 인류 전체로 보면 현재의 자연 과학만 가지고도 편안히 살아가기에 넉넉하다.
인류가 현재에 불행한 근본 이유는 인의가 부족하고 자비가 부족하고 사랑이 부족한 때문이다. 이 마음만 발달이 되면 현재의 물질력으로 20억이 다 편안히 살아갈 수 있을 것이다. 인류의 이 정신을 배양하는 것은 오직 문화이다."[18]

---

18) 김구 지음, 도진순 주해,《백범일지》, 돌베개, 2002.

인류의 불행은 사랑이 부족하기 때문이며, 인의 사랑 자비의 마음을 기르는 것은 오직 문화라고 하였다. 위대한 말이다.

그의 사랑은 우리 민족애에 머물지 않은 온 인류적인 사랑이었으며, 인류의 행복은 문화에 있다고 보았던 것이다.

우리나라는 서서히 그가 바라는 높은 문화의 힘을 가진 나라로 발전해가고 있다. 이미 세계적인 수준이라고 생각한다. 나 또한 백범 김구의 소원과 다르지 않다. 사랑을 나누고 공유하는 힘은 문화에 있다고 믿는다.

정신적 가치가 높은 행복, 나만의 행복에서 나누어 가질 수 있는 행복으로 확장되는 것이 사랑일 테니까 말이다.

남과 나를 동일시하는, 하나되는 마음에서 오는 사랑의 마음이 행복의 기반이라는 것을 아는 사람은 알 것이다.

체게바라의 혁명정신 또한 사랑을 기반으로 한다. 그는 자신의 어린 자녀들에게 쓴 편지에서 다음과 같이 말했다.

"무엇보다도 이 세상 어느 곳에서, 어떤 사람을 향해 저질러지는 불의이건 간에 너희의 존재 가장 깊은 곳에서부터 분노할 수 있는 사람이 되어라. 이것이 혁명가의 가장 아름다운 품격이다."[19]

체게바라처럼 투철하게 인간에 대한 사랑을 행동으로 보여준 철학

---

19) 후안 마르틴 게바라, 아르멜 뱅상 저, 민혜련 번역, 《나의 형, 체 게바라》, 홍익출판사, 2017.

자는 없었다.

이웃을 내 몸처럼 사랑하고 연민하는 사람. 그는 지구 반대편까지 인민의 자유를 위해 소총 한 자루 메고 싸우러 갔다.

의사로서의 안정된 삶도 있었고, 시인이나 독서광으로서의 고독하고도 달콤한 삶을 살 수도 있었던 그는 왜 총을 들었을까.

그는 불의를 말없이 인내하며 고통받는 사람들을 차마 외면할 수 없었던 것이다.

그래서 그는 가난한 노래의 씨를 뿌렸고, 한 알의 밀알이 되고자 했다. 그의 죽음은 세상 곳곳에 많은 열매를 맺었고, 아직도 우리 기억 속에 살아 있으며, 계속 살아갈 것이다.

다음은 요한복음(12:23-25)에 나오는 말이다.

"예수께서 대답하여 가라사대,
인자의 영광을 얻을 때가 왔도다. 내가 진실로 진실로 너희에게 이르노니 한 알의 밀이 땅에 떨어져 죽지 아니하면 한 알 그대로 있고 죽으면 많은 열매를 맺느니라.
자기 생명을 사랑하는 자는 잃어버릴 것이요 이 세상에서 자기 생명을 미워하는 자는 영생하도록 보존하리라."

우리는 행복할 권리를 가지고 세상에 태어났다. 행복한 삶은 먼저 자기 정체성을 갖춘 삶이어야 한다. 복제품과 같은 삶은 행복과 거리가 멀다. 자신의 기질에 맞는 삶을 살아야 한다. 그러기 위해선 노예가 되지 말아야 한다.

무엇이 노예인가. 자신의 눈으로 세상을 보지 못하고 남의 눈을 빌려 세상을 보는 사람, 인생의 주어진 시간을 자기 맘대로 쓰지 못하는 사람은 스스로 노예의 삶을 사는 것이다.

니체는 다음과 같이 말했다.

"어느 시대나 그렇듯이 오늘날에도 인간은 노예와 자유인으로 분리된다.
만약 하루의 3분의 2 정도를 자신을 위해 사용할 수 없는 인간이라면, 그가 정치가이든 상인이든, 혹은 관리나 학자이든 그저 노예일 뿐이다."[20]

우리는 자유민이어야 한다. 스스로가 세상의 중심임을 알아야 한다. 스스로 노예가 되어선 안 된다. 그래야 세상에 홀로 당당히 설 수가 있다.

루소는 《에밀》에서 말한다.

"자연과 사회제도 사이에서 투쟁하는 사람은 누구나 인간이 되느냐, 시민이 되느냐 사이에서 선택하지 않을 수 없다. 왜냐하면 누구든지

---

20) 프리드리히 니체 저, 김욱 역, 《니체의 숲으로 가다》, 지훈, 2004.

인간인 동시에 시민이 될 수는 없기 때문이다. 자연인은 온전한 자신으로 존재한다. 그는 하나뿐인 통일체로서 오로지 자신과 비교되는 절대 완전체이다. 시민은 분모에 의존하는 분수들이 지닌 통일성만 가질 따름이다. 시민의 가치는 사회 조직이라는 전체와 맺는 관계로 결정된다. 좋은 사회제도는 인간의 타고난 성질을 어떻게 바꿀지, 인간에게서 어떻게 절대 실존을 빼앗고 상대 실존을 부여할지, 절대 실존으로서 나를 어떻게 공동체의 일원으로 만들지 아주 잘 안다. 그 결과 각 개인은 자신을 더는 유일무이한 존재가 아니라 통일체의 일부라고 믿으며, 전체의 일부가 아니라면 더는 아무것도 느끼지 못한다.

로마 시민은 카이우스도 루시우스도 아니다. 로마 시민은 로마인일 따름이다. 시민 질서 안에서 자연에 품는 감정과 정취를 고스란히 간직하고 싶은 사람은 자신이 무엇을 원하는지 알지 못한다. 언제나 자신과 모순을 일으켜 갈등에 빠지고, 언제나 자신의 자연적 경향과 시민으로서 의무 사이에서 표류하므로, 인간이 되지도 못하고 시민이 되지도 못한 채 떠돈다. 그는 자신에게도 좋은 사람이 못 되고, 타인에게도 좋은 사람이 못 된다. 그는 우리 시대를 살아가는 사람들 가운데 한 시민, 그러니까 프랑스인, 영국인, 자본가가 될 터이다. 마침내 아무도 아닌 존재가 되리라."[21]

---

21) J. J. 루소 저, 정봉구역, 《에밀》, 범우사, 2001.

15.   너 자신을 알라

소크라테스는 "아는 것을 안다고 하고 모르는 것은 모른다고 하는 것, 그것이 아는 것이다"라고 말하면서 이것이 앎의 시작이라 했다. 모르는 것을 안다고 착각하면 영원히 모를 것이기 때문이다. 이 점에서만큼은 자신이 보통 사람들보다 더 현명하다고 본다고 말했다. 삶은 좋은 것이고 죽음은 나쁜 것이라 말하는데, 아무도 죽음을 경험해보지 않았으므로 누구도 죽음을 안다고 말할 수 없다는 것이다.

다음은 죽기 직전 소크라테스가 했던 말이다.

"이제는 헤어질 시간이 되었습니다. 나는 죽으러 가고, 여러분은 살러 갈 것입니다. 그러나 우리 중에서 어느 쪽이 더 나은 운명을 향해 가는지는, 신 말고는 아무도 모릅니다."[22]

사람들은 모르는 것을 안다고 착각한다. 스스로의 눈을 믿지 못하고 대중들이 보는 눈으로 세상을 보기 때문이다.

죽음을 코앞에 두고도 그는 죽는 것이 좋은지 사는 것이 좋은지는

---

22) 플라톤 저, 천병희 역, 《소크라테스의 변론, 크리톤, 파이돈, 향연》, 숲, 2012.

신만이 안다고 함으로써 실제 보고 경험한 것만을 앎의 범주에 넣었다. 즉, 편견을 믿지 말라는 것이다.

죽기 직전까지 그는 흔들림 없이 의연하게 우리에게 지혜를 나누어 주었던 것이다.
아는 것을 안다고 하고 모르는 것은 모른다고 하는 것이 아는 것이라는 지혜를.
모든 앎의 시작은 이런 인식에서부터 출발하며, 소크라테스의 가르침도 이것에서부터 시작했다.

그는 우리에게 이렇게 말하고 있는 듯하다.
"남의 눈으로 보지 말고 너의 눈으로 보아라. 있는 그대로 보고 느껴라. 그것이 너 자신을 아는 길이다."

어찌 보면 우리는 스스로 울타리를 치고 있거나, 우물 안에 들어가 있는 경우가 많다. 편견도 많고, 고집도 세고, 그리하여 할 말도 많다. 우리가 배운 지식이 우리를 우물 안에 가두기도 하고, 우리가 경험한 것이 전부인 것처럼 성급한 일반화의 오류에 빠지기도 한다.
편견 없이 본 만큼 보이고, 아는 만큼만 알고 있다고 말해야 할 것이다. 그것이 스스로를 아는 것이고, 앎의 출발이고, 발전 가능성을 넓히는 길이다.
이 부분에서만큼은 스스로의 말처럼 소크라테스가 남들보다 현명했던 것이다.

우리는 왜 한 곳만을 바라보고, 우리들의 가치는 왜 한 가지로 제한되어버렸는가. 우리는 왜 한 길만을 고집하며 우물 안 개구리가 되었는가.

우물 밖에는 수많은 별들이 있지만, 우리에게 우물 안에서 보이는 별은 하나밖에 없다.

다음은 《장자》에 나오는 말이다.

"우물 안의 개구리에게 바다에 대하여 얘기해도 알지 못하는 것은 공간의 구속을 받고 있기 때문이다. 여름 벌레에게 얼음에 관한 얘기를 해도 알지 못하는 것은 시간의 제약을 받고 있기 때문이다. 비뚤어진 선비에게 도에 관하여 얘기해도 알지 못하는 것은 가르침에 속박되어 있기 때문이다."[23]

알지 못하는 것보다 알고 있다고 착각하는 것이 더 어리석은 것이다. 아는 것을 안다고 하고, 모르는 것을 모른다고 할 때 비로소 앎의 길이 열리기 때문이다.

---

23) 장자 지음, 김학주 옮김, 《장자》, 연암서가, 2010.

16. 재산을 관리하는 현명한 방법

재산을 지키는 수고로움 없이, 남들의 시기와 질투를 피해, 잃지 않고 안전하게 자신의 재산을 관리하는 법을 아는가.
자신의 재산을 관리하는 가장 현명한 방법은 베풂의 덕과 사랑의 마음이다.
그 예로, 고대로부터 부의 상징이었던 크로이소스 왕과 페르시아의 지혜롭고 위대한 왕인 키루스 대왕의 이야기를 소개하고자 한다.

그리스나 페르시아에서 크로이소스라는 이름은 '부자'와 동의어였다. 영어에서는 '크로이소스만큼 부유한(rich as croesus)'이라는 관용구가 있을 정도로 그는 엄청난 부의 상징이었다. 헤로도토스의 《역사》에 따르면 고대로부터 역사상 가장 부유했다던 리디아의 왕 크로이소스는 자만심으로 페르시아의 지혜롭고 위대한 왕인 키루스와의 전쟁을 일으키지만 패하고 만다. 죽음의 직전에서 키루스의 용서로 목숨을 건지고 그의 조언가가 된 크로이소스는 키루스 대왕의 재산관리방법에 불만을 가지게 되는데, 프랑스의 작가 몽테뉴는 그의 수필집인 《수상록》에서 이를 다음과 같이 기록하고 있다.

"크로이소스는 대왕이 너무 후하게 쓰는 버릇을 책하며, 그의 손이 조금만 무디었다면 재산이 얼마나 더 불었을까를 계산해 보았다. 키루스 대왕은 자기가 하는 후한 처사가 옳다는 것을 보여주고 싶은 생각이 들었다. 그래서 즉시 특별히 출세시켜준 각 지방의 고관들에게 사신을 특파하여, 자기 필요에 충당하도록 각기 가능한 대로 금전을 원조해달라고 청하고, 미리 얼마를 보내주겠다는 액수를 통고해달라고 하였다. 이 모든 계산서가 도착하고 보니, 그의 친구들은 각기 그의 후한 하사로 자기가 받은 것만을 보내는 것은 부족하다고 생각하여 자기의 재산을 더 보태 보내왔기 때문에, 그 액수는 크로이소스가 절약해서 얻을 것으로 계산된 액수를 훨씬 초과했다. 그래서 키루스는 그에게, '나는 다른 왕들보다 재물을 덜 좋아하는 것이 아니오. 아마도 내가 더 아낄 것이오. 내가 얼마나 적은 밑천으로 그 많은 친구들의 평가할 수 없는 재산을 얻었는가, 그리고 의무도 애정도 없는 고용인들에게 재물을 지키게 한 것보다 그들이 내 재산을 얼마나 더 잘 지켜주었는가는 당신이 보는 바이오. 내 재물은 금고 속에 보관해두어서 다른 왕들의 미움과 시기와 경멸을 사는 것보다 더 잘 보관되고 있는 것이오'라고 말했다."[24]

재산을 내 옆에 두는 것은 번거롭고, 관리하기에 노고와 귀찮음을 동반하며, 강도라도 만난다면 위험에 처하기 마련이다.
현명한 재산 관리는 덕에 쌓는 것이다. 덕이란 눈에 보이지 않는 것이지만, 명예로울 뿐만 아니라 나의 재산을 안전하게 지켜 주며 필

---

24) 몽테뉴 저, 손우성 역, 《몽테뉴 수상록》, 동서문화사, 2007.

요할 때는 많은 이자가 붙어 돌아오기도 한다. 또한 남들의 질투와 시샘에서도 벗어날 수 있는 것이다.

《논어》에 '덕불고 필유린(德不孤必有隣)'이란 말이 있다.
덕은 외롭지 않고, 반드시 이웃이 있다는 말이다.

마태복음(6:19-20)은 다음과 같이 말한다.

"너희를 위하여 보물을 땅에 쌓아두지 말라. 거기는 좀과 동록이 해하며 도적이 구멍을 뚫고 도적질하느니라. 오직 너희를 위하여 보물을 하늘에 쌓아두라. 거기는 좀이나 동록이 해하지 못하며 도적이 구멍을 뚫지도 못하고 도적질도 못하느니라."

성경에서는 재산을 하늘에 쌓아두라고 하는데, 이 하늘이라는 것이 공자가 말하는 덕일 것이다. 하늘에 쌓는 재산이야말로 타인에 대한 베풂과 사랑의 덕인 것이다.
덕으로 사랑으로 쌓은 재산은 좀먹지도 않고, 도둑이 훔쳐갈 수도 없는 아름다운 재산이다.

장자의 이야기를 다시 소개한다.

"배를 골짜기에 감춰두고 어살을 못 속에 감춰두면 든든하다고 할 것이다. 그러나 밤중에 힘 있는 자가 그것을 짊어지고 달아날 수도 있는 것인데, 어리석은 자들은 그것을 알지 못한다. 크고 작은 것을 감추어두는 데에는 적당한 곳이 있겠지만, 그래도 딴 곳에 옮겨질 곳이 있는 것이다. 만약 천하를 천하에 감추어두면 옮겨질 곳이 있을 수가 없는데, 이것이 영원한 만물의 위대한 실정인 것이다. 그러므로 성인은 물건이 딴 곳으로 옮겨갈 수 없이 모두가 존재하는 경지에 노니는 것이다."[25]

천하를 천하에 숨긴다는 것에 '천하'란 것도 결국은 공자의 '덕'이나 성경의 '하늘'과 같은 것으로, 이는 모든 것을 하나로 사랑하며, 하나 되는 마음으로 사는 것이 가장 현명하고 아름다운 재산 관리법이라는 것이다.

---

25) 장자 지음, 김학주 옮김, 《장자》, 연암서가, 2010.

#17.   카르페 디엠(Carpe diem)

다음은 퀸투스 호라티우스의 시이다.

"알려고 묻지 말게, 안다는 건 불경한 일
신들이 나에게나 그대에게나 무슨 운명을 주었는지
레우코노에여, 점을 치려고도 하지 말게
더 나은 일은, 미래가 어떠하든, 주어진 대로 겪어내는 것이라네
유피테르 신께서 그대에게 주시는 게, 더 많은 겨울이든,
마지막 겨울이든,
지금 이 순간에도 티레니아해의 파도는 맞은편의 바위를 깎고 있네
현명하게나, 포도주는 그만 익혀 따르고,
짧은 인생, 먼 미래로의 기대는 줄이게
지금 우리가 말하는 동안에도, 인생의 시간은 우릴
시기하며 흐른다네
제때에 거두어들이게(carpe diem),
미래에 대한 믿음은 최소한으로 해두고"

이 시는 로마 황제인 아우구스투스에게 바쳐진 시이기도 하다. 이 시에서는 현명함이 무엇인지를 가르쳐준다. "미래를 위해 준비한 포도주는 그만 익혀 지금 따르고, 제때에 거두어들이게(carpe diem)"라고 말한다. 우리의 내일은 알 수 없으니, '현재에 살라. 지금 이 순간에 충실하라'는 말이다.

포도주도 잘 익었을 때, 시기적절하게 따서 마셔야 한다. 아끼면 썩거나 신선도가 떨어져 맛이 덜해진다는 비유일 것이다. 이 시는 현대를 살아가는 우리들에게도 좋은 비유가 된다. 우리는 보통 현재에 살지 못하고 미래에 살기 때문이다.

이 시에 의하면 인간의 운명은 하늘만이 알 뿐, 알려고 하는 것도 불경한 일이니 신이 우리의 운명을 올겨울까지로 정했건 더 많은 겨울들을 예비하였건 우리는 현재에 살 뿐, 당장 내일도 장담 못 하는 운명인 것이다. 그러니 우리는 우리의 현재, 우리의 오늘을 오롯이 즐길 수 있어야 한다. 그러기 위해서는 미래에 대한 두려움을 없애고, 절제의 덕을 버팀목으로 삼아 의연하게 운명을 받아들이며 하루살이 같은 정열로 하루하루를 즐겨야 하는 것이다.

다음은 나의 시이다.

어느 비정규직의 고백

오늘 하루를 가슴 떨리게 열심히 살아
기쁜 마음에 나에게 주는 술 한잔 신나게 쏟아부어주어도 좋으련만
난 하루살이가 아니기에 내일이 또 불안하여
오늘의 보람이 내일에의 막연한 슬픔 아닌 슬픔일지 모를 그 어떤
것으로 인하여 따뜻한 위로조차 되어주질 못하고
새하얀 별빛이 소주잔 위에서 떨고 있다
정규직보다 하루살이가 더 부러운 오늘
나는 하루살이보다 더 정열적인 오늘을 살았다
반짝이는 별빛을 몇 잔 마시고 아직 가지 않은 오늘의 기쁨을 노래
하며
탭댄스의 리듬으로 온 지구를 발바닥으로 두드리고
투우사의 붉은 망토를 멋지게 휘날리며
거칠게 돌진해 오는 내일을 향해 굵고 힘찬 휘파람마저 날려본다

세네카도 역시 같은 생각이다.

"세상에 자신의 선견지명을 자랑하는 것보다 더 어리석은 짓이 또 있을까요? 그들은 더 잘 살려고 정신없이 분주하지요. 그들은 인생에 대비하기 위해 인생을 보내고 있지요. 그들은 먼 미래를 내다보며 계획을 세우지만, 그것은 인생에서 가장 큰 손실을 뒤로 미루는 것이지요. 뒤로 미루는 것은 다가오는 족족 하루하루를 앗아가고, 멀리 떨어져 있는 것을 약속하며 현재를 낚아채가지요. 기대야말로 내일에 매달리다가 오늘을 놓쳐버리게 하니 인생의 가장 큰 장애물이지요. 그대는 운명의 여신 수중에 있는 것을 탐내다가 그대의 수중에 있는 것을 놓치고 있는 것이오. 그대는 무엇을 원하며, 어디로 향하고 있지요? 미래는 모두 불확실한 법이오. 현재를 살도록 하시오!"[26]

오쇼 라즈니쉬는 말한다.

"과거에 대해 생각하지 말라. 미래에 대해 생각하지 말라. 단지 현재에 살아라. 그러면 모든 과거도 모든 미래도 당신 것이 될 것이다."

니체는 말한다.

---

26) 루키우스 안나이우스 세네카 저, 천병희 역, 《인생이 왜 짧은가》, 숲, 2005.

"인생은 그리 길지 않다. 어스름해질 무렵 죽음이 찾아와도 전혀 이상할 것이 없다. 때문에 우리가 무엇인가를 시작할 기회는 늘 지금이 순간밖에 없다. 그리고 이 한정된 시간 속에서 무언가를 하는 이상, 불필요한 것들을 벗어나 말끔히 털어버리지 않으면 안 된다. 그러나 무엇을 버릴 것인가에 대하여 고민할 필요는 없다. 마치 노랗게 변한 잎이 나무에서 떨어져 사라지듯이, 당신이 열심히 행동하는 동안 불필요한 것은 저절로 멀어지기 때문이다. 그렇게 우리의 몸은 더욱 가벼워지고 목표한 높은 곳으로 한 걸음 더 나아간다."[27]

소크라테스는 말한다.

"아직 제철이 되지 않은 과일을 비싼 값에 산 사람들은 막상 그 계절이 오면 후회하기 마련이다."[28]

---

[27] 프리드리히 니체 저, 시라토리 하루히코 엮음, 박재현 옮김, 《니체의 말》, 삼호미디어, 2013.
[28] 디오게네스 라에르티오스 저, 전양범 역, 《그리스철학자열전》, 동서문화사, 2008.

다음은 나의 시이다.

죽은 시인의 사회

옛날 국민학교 교과서에
개미와 베짱이 이야기를 아는가
모든 시간을 바쳐 일하고
겨울을 기다리는 시간이 행복이라
가르치던 시절이 있었다
한여름을 뜨겁게 노래하던
베짱이는 겨울을 나기 위해
개미에게 식량을 구걸한다지만
이 이야기는 다시 쓰여져야만 한다
베짱이가 노래하기 좋은 계절은
겨울보다는 여름이지 않을까
우리에게 주어진 모든 계절을
즐기고 노래하며
추운 겨울이 오면
작은 모닥불을 피우고

자연이 주는 소박한 먹이로
절제된 기쁨을 노래해야 한다
구걸이 두려운 죽은 베짱이의 사회
우리는 용기를 가지고
인생을 즐겨야 한다

하 루 살 이

오늘이 있고 또 내일이 있어
우리네 삶은 냉정하기만 한데
너의 오늘은 아무런 망설임이 없어서
저 뜨거운 불 속으로 산화하는구나

흔적조차 남기지 않는 순간의 소멸
참을 수 없는 존재의 가벼움

너의 뜨거운 정열을 닮았던 나의 젊은 날도 있었으나
오늘은 내일을 걱정하고 내일은 또 그 내일을 걱정할 뿐
나에게 오히려 오늘은 없다

생즉사 사즉생(生則死 死則生)의 삶을 살았던 영웅들도
너의 정열을 본받아 아직까지 우리의 기억 속에 살아 있어
너는 하루살이가 아니었음을
태양은 또 기억할 것이다

하루살이의 사랑

하루만 살려는 의지로 먹을 입도 가지고 태어나지 않았네
짧은 시간이지만 널 만나 사랑을 나누고 이별하며 했던 말
영원히 널 사랑해 이 맹세는 결코 거짓이 될 수는 없지
하루살이에게 거짓 맹세는 없다네
세상 만물을 변화와 거짓으로 물들여온 시간 앞에서
자유를 택한 나는 하루살이
나의 이성에 불순물은 없다네 오늘의 사랑에만 충실하고
내일의 사랑은 없어 안됐지만
하여 내게 위선의 가면을 씌울 필요도 없다네
이 순간 진정 그대를 사랑하였으므로
영원히 그대를 사랑하노라는 나의 맹세는
사실로 기록되어지리라 믿네

아이와 사과

아이는 훔친 사과 하나를
남모르게 감추었다
사과의 향과 고운 빛깔에 취한 아이는
바로 먹지 못하고
내일이나 그 언제쯤 그 맛을 맛보리라 생각했었다
어느 날 잊었던 사과를 떠올린 아이는
서랍 모퉁이에서 썩은 사과 하나를 꺼낸다
그 향기롭고 빛나던 사과는 하얀 곰팡이가 덮여
쭈그러진 악취를 풍기고 있었다
실망한 아이는 그날 먹었으면 좋았을
그날의 사과 맛을 그려본다
하지만 까닭 없이 불안한 아이
아이는 달콤하고 빛 고운 사과만을 골라
열심히 개미처럼
오늘도 창고만을 채운다
썩어버린 현재를 남몰래 감추고
언젠가 다시 만나길 기대하면서

우리는 올지 안 올지 모르는 미래에 대한 막연한 불안과 두려움으로 하루하루를 걱정 속에서 살아간다. 밝고 건강해야 할 청소년들까지도 말이다.

미국에서 노인들을 대상으로 조사를 한 일이 있다. '평생에 가장 후회되는 것은 무엇입니까'에 대한 답변 중 가장 많은 수가 '그때 하지 않아도 되었을 쓸데없는 걱정을 하며 평생을 살아온 것'이라고 한다. 걱정은 아무것도 변화시키지 못한다.

다음은 북유럽 신화에 관한 책인 《에다》에 나오는 말이다.

"현명치 않은 자는 밤새도록 깨어 있어 온갖 걱정을 다 하는구나. 아침이 오면 피곤할 것이나 걱정거리는 그대로구나."[29]

---

29) 카를 짐록 완역, 임한순·최윤영·김길웅 공역, 《에다》, 서울대학교출판부, 2006.

다음은 나의 시이다.

일용할 양식

달콤한 먹이를 먹으려면 쉼 없이 벌어야 한단다
분주한 꿀벌처럼 말이다
길가에 빨갛게 익어가는 산딸기도 달콤한걸요
처음 가보는 길에 산딸기는 언제 또 보게 될지 알 수 없으니
주머니에 넣을 수 있는 만큼 많이 넣어야 한다
시든 딸기는 먹지 않을 거예요
풀숲 사이사이 빨갛게 익어가는 통통한 보석만을 입에 넣을 거예요
이 길의 끝이 어디든
드문드문 풀잎 사이에 뿌려진
햇살 머금은 반갑고 싱싱한 딸기가
수줍게 웃고 있다는 것을 아니까요
내 눈길이 많이 분주하지만 않다면 말이에요

#18.   **겸손에 대하여**

벼는 익을수록 고개를 숙인다고 했다. 아는 사람일수록 더 모른다고 하고, 소크라테스는 "내가 아는 것은 내가 모른다는 사실 뿐"이라고까지 말한다.

퇴계 이황의 편지들을 본 적이 있다. 내가 가장 흥미롭게 느낀 점은 편지 내용보다도 그의 겸손한 자세였다. 아랫사람이건 윗사람이건 그의 겸손한 말투와 자세는 한결같았다. 그가 많은 존경을 받는 이유 중 큰 부분을 차지하는 부분이 겸손이 아닐까 생각해본다.

그럼 그러한 겸손은 어디서 나오는 걸까.
인간에 대한 존중이다. 나이가 어리건 많건 간에 인간 개개인이 하나의 우주임을 인정하는 것이다. 저절로 고개가 숙여질 수밖에 없다.

겸손하지 않은 사람은 인간에 대한 사랑이 부족하거나, 스스로가 얼마나 부족한 존재인지 모르는 존재일 것이므로 자만심을 가진 사람일 것이다.

그렇다면 겸손에서 얻는 이익이 있는가.

있다.

다음은 누가복음(14:8-11)에 나오는 말이다.

"네가 누구에게나 혼인 잔치에 청함을 받았을 때에 상좌에 앉지 말라. 그렇지 않으면 너보다 더 높은 사람이 청함을 받은 경우에 너와 저를 청한 자가 와서 너더러 이 사람에게 자리를 내어주라 하리니 그때에 네가 부끄러워 말석(末席)으로 가게 되리라. 청함을 받았을 때에 차라리 가서 말석에 앉으라. 그러면 너를 청한 자가 와서 너더러 벗이여 올라앉으라 하리니 그때에야 함께 앉은 모든 사람 앞에 영광이 있으리라. 무릇 자기를 높이는 자는 낮아지고, 자기를 낮추는 자는 높아지리라."

겸손한 사람을 보면 악의가 없어지고, 스스로 먼저 양보하고 싶은 마음이 자연히 생길 뿐 아니라 신뢰까지 생기기도 한다.
실제 능력보다도 높아 보이며, 존경받는 그 이상으로 존경하고 싶어진다. 빵의 이스트와도 같은 역할을 하는 것이니 얻는 바가 많다. 그래서 겸손한 사람은 실제 능력보다 더 많은 능력을 가지며, 자만심 있는 사람은 있는 능력보다 적은 능력을 가지게 된다.
이 중 가장 큰 얻음은 신뢰일 것이다.
믿음에 따라 사람이 쓰이기도 하고 버려지기도 한다.
아무리 뛰어난 인재라도 우리 편이라는 신뢰가 없다면 오히려 첩자나 적이 될 수도 있기에 쓸 수가 없는 것이다.

공자는 신뢰의 중요성을 다음과 같이 비유했다.

"사람에게 신의가 없으면 그 쓸모를 알 수가 없다. 만일 큰 수레에 소의 멍에를 맬 데가 없고, 작은 수레에 말의 멍에를 걸 데가 없으면 어떻게 그것을 끌고 갈 수 있겠는가?" (논어)

노자 《도덕경》에도 겸손에 관한 글들이 있다.[30]

"훌륭한 무사는 힘을 드러내지 않고, 잘 싸우는 사람은 성난 기색을 드러내지 않으며, 잘 이기는 사람은 함부로 다투지 않고, 남을 잘 부리는 사람은 늘 남에게 겸손하다."

"큰 나라는 강의 하류와 같아서 천하의 모든 사람들이 모여들게 마련이니 천하의 여자라 할 수 있다. 여자는 손을 뻗지 않고도 남자를 마음대로 부린다. 큰 나라가 스스로 겸양하면 작은 나라가 저절로 따르고, 작은 나라가 큰 나라에 겸양하면 큰 나라는 스스로 작은 나라를 받아들인다. 큰 나라는 모든 나라를 수용해 모든 사람을 잘 살게 하기를 원하며, 작은 나라도 큰 나라의 그늘 밑에 있기를 바란다. 서로의 이해관계는 일치하는 점이 있기 때문에 큰 나라가 먼저 겸양해야 한다."

---

30) 다케우치 미노루 저, 양억관 역, 《절대지식 중국고전》, 이다미디어, 2010.

같은 사람이라도 겸손한 사람 말을 더 잘 따르며, 윗사람일수록 아랫사람에게 겸손해야 겸손의 효과가 더 크다는 말이다.

19. 어짊(仁)에 대하여

동양에서 공자의 정신적 지위는 아주 높다. 유학을 숭상했던 조선시대에는 왕보다 높았을 것이다. 지금도 많은 영향을 끼치고 있는 그의 중요 사상인 어질 인(仁)이 무엇인지 알면 좋을 것 같아서 소개한다. 한마디로 말하면 공자의 인(仁)도 결국 인간에 대한 사랑이다.

다음은 중국 유학자 정호(정명도)의 글이다.

"의학서에서 수족이 마비되는 것을 불인(不仁)이라고 했다. 이것이 인이라는 이름을 가장 잘 특징적으로 드러낸 것 같다. 인자는 천지만물을 한 몸으로 여기니 자기 몸이 아닌 것이 하나도 없다. 천지만물을 자기 몸으로 인식할 수 있다면 어디엔들 이르지 못하겠는가? 천지만물과 하나가 아니라면 천지만물은 자신과 아무 상관이 없는 것이 된다. 그것은 마치 마비된 수족이 자신의 몸의 일부이면서 자신에 속하지 않은 것처럼 여겨지는 것과 같다."[31]

모두는 결국 하나, 한 몸이란 것이다. 한 몸이란 것을 인식하지 못해서 나를 남과 떼어놓을 때를 인하지 않음이라 한 것이다. 이를 의학

---

31) 주희·여조겸 공저, 이범한 역, 《근사록》, 서울대학교출판문화원, 2015.

에 빗대어 수족이 마비되었다 한다. 뛰어난 비유이다. 모두를 내 몸같이 사랑하라는 것이다.

결국 소크라테스의 세계시민사상과 다르지 않으며, 예수의 사랑과 같고, 부처의 자비와 같다. 모두가 사랑이다.

다음은 성리학(주자학)을 창시한 주희의 인설(仁說)이다.

"인(仁)이라는 것은 천지가 만물을 낳는 마음이요, 사람이 이것을 얻어서 마음으로 삼는 것이다. 아직 발현하기 전에 인의예지(仁義禮智) 네 가지 덕이 구비되어 있는데, 오직 인만이 이 남은 세 가지를 그 안에 포함하고 있다. 그리하여 머금어 기르고 하나처럼 완전하여 거느리지 않음이 없으니 이른바 살리는 본성이요 사랑의 이치로, 이것이 인의 본체이다. 이미 발현된 즈음에는 사단이 나타나는데, 오직 측은만이 사단을 관철하고 있다. 그리하여 두루 흘러 관철하여 통하지 아니함이 없으니, 성(性)의 정(情)이요, 애(愛)의 발현으로, 이것이 인의 작용이다.
공(公)이라는 것은 인을 체득하는 것이니, '사심을 극복하여 예로 돌아감이 인이 된다'라고 하는 말과 같다.
대개 공은 인이요 인은 애이니, 효도하고 공경하는 것은 그 작용이고 서(恕)는 인을 베푸는 것이며 지각은 이것을 아는 일이다.
무릇 인의 도는 곧 천지가 만물을 낳는 마음으로, 만물에 정이 발현되기 전에 이 본체가 갖추어져 있고, 정이 발현하면 그 작용이 무궁하다. 진실로 이를 본받아 보존하면 온갖 선의 근원과 모든 행실의 근본이 이에 있지 않음이 없다.
이것이 공자 문하에서 반드시 배우는 이로 하여금 인을 구하는 데 급급하게 하는 까닭이다."

요약하면, 인(仁)이라는 것은 천지가 만물을 낳는 마음이요, 애(愛)의 발현이며, 공(公)이라는 것은 인을 체득하는 것이니, 사심을 극복하여 예로 돌아감이 인이 된다. 공은 인이요 인은 애이다.

해석하면, 인(仁)이라는 천지가 만물을 낳는 마음은 성경에 나오는 하늘의 의(義)와 같고, 이는 곧 사랑과 같으니 곧 애(愛)의 발현이다. 공(公)은 남과 나의 하나됨이며, 이는 인을 체득하는 것이니, 사심을 극복하고 남을 사랑하는 것이 인이 된다는 말이다.

20.　　　　　　　　　　　　　　　　희생에 대하여

희생의 가치는 한 알의 도토리가 땅에 묻혀 키워낸 거대한 떡갈나무와 같은 것이다. 공자가 말하는 살신성인(殺身成仁)이다. 육체는 죽을 수 있으나 정신은 영원히 산다는 것을 증거 하는 것이다. 인을 위해, 사랑을 위해, 인류를 위해, 나의 고통을 바쳐 세상을 구하는 것, 인류를 위해 십자가를 대신 지는 것이다. 대신하는 것이 희생이다.

다음은 요한복음(12:23-25)에 나오는 말이다.

"예수께서 대답하여 가라사대,
인자의 영광을 얻을 때가 왔도다. 내가 진실로 진실로 너희에게 이르노니 한 알의 밀이 땅에 떨어져 죽지 아니하면 한 알 그대로 있고 죽으면 많은 열매를 맺느니라.
자기 생명을 사랑하는 자는 잃어버릴 것이요 이 세상에서 자기 생명을 미워하는 자는 영생하도록 보존하리라."

《장자》는 이를 다음과 같이 비유한다.

"기름은 촛불이 되어 타 없어져 버리지만, 불은 옮겨 붙여 주면 다할 줄 모르게 된다."32)

여기서 기름은 희생 없는 개개인의 삶을 말하고, 불을 옮겨 주는 행위가 희생인 것이다. 희생이란 꺼지지 않고 영원히 사는 것이며, 점점 세상에 퍼져 세상을 밝혀주는 아름다운 정신인 것이다.
희생을 성경식으로 정의하자면, 믿음을 통해 뿌려진 한 알의 밀알 그 죽음으로 얻어진 영원한 삶일 것이다.
어떻게 확고한 믿음을 얻어 한 알의 밀알로 자신을 땅에 묻을 수 있는가.
다음의 글에서 답을 얻을 수 있을 것이다.

한비자는 다음과 같이 말한다.

"자식이 귀여운 자는 그 자식을 사랑하고 생명을 소중히 하는 자는 그 몸을 사랑하며 공적을 귀하게 여기는 자는 그 일을 사랑한다. 사랑이 깊은 자모는 어린 자식이 행복해지도록 힘쓰고 행복해지도록 힘쓰면 화를 물리치는 일을 하게 되고 화를 물리치는 일을 하게 되면 사려가 깊어지고 사려가 깊어지면 사리를 알게 되고 사리를 알게 되면 반드시 성공을 거두고 반드시 성공을 거두면 일을 실행할 때 망설이지 않는다. 망설이지 않는 것을 가리켜 용기라고 한다. 성인이 모든 일에 대처하는 것도 모두 자모가 어린 자식을 위하여 염려

---

32) 장자 지음, 김학주 옮김, 《장자》, 연암서가, 2010.

하는 것과 똑같다. 그러므로 반드시 행하지 않을 수 없는 도를 찾아낸다. 반드시 행하지 않을 수 없는 도를 찾아내면 (사리에) 밝아지고 그 일에 종사할 때 역시 망설이지 않는다. 망설이지 않는 것을 가리켜 용기라고 한다. 망설이지 않는 것은 자애로부터 생긴다. 그러므로 노자에 말하기를 '자애롭기 때문에 능히 용감해질 수 있다'고 하는 것이다."[33]

희생은 확고한 자기 신념에서 나온다. 사랑은 신념을 낳고, 확고한 신념은 두려움 없는 용기를 낳고, 그 용기가 망설임 없이 실행을 가능하게 하는데 이를 희생이라 하는 것이다.
희생은 결국 타인에 대한 사랑에서 나온다.
위에서 '반드시 행하지 않을 수 없는 도'라는 것은 사랑에서 나오는 희생인 것이다. 그래서 희생의 순간에는 망설임이 없는 것이다.
예수가 망설임 없이 십자가를 졌고, 소크라테스는 망설임 없이 사약을 들이켰으며, 체게바라는 망설임 없이 자신의 가슴에 방아쇠를 당기라고 말했다.
그들은 그들의 희생이 사랑을 낳고, 영원한 열매를 맺는다는 것을 알았기 때문이다.
그들은 가난한 노래의 씨를 뿌렸고, 한 알의 밀알이 되고자 했다. 그들의 죽음은 세상 곳곳에 많은 열매를 맺었고, 아직도 우리 기억 속에 살아 있으며, 계속 살아갈 것이다.

---

33) 한비 저, 이운구 역, 《한비자 1-2》, 한길사, 2002.

다음은 이육사의 시 〈광야〉의 일부이다.

지금 눈 내리고
매화 향기 홀로 아득하니
내 여기 가난한 노래의 씨를 뿌려라.
다시 천고(千古)의 뒤에
백마(白馬) 타고 오는 초인(超人)이 있어
이 광야에서 목놓아 부르게 하리라.

21.   변화에 대하여

로마의 황제 마르쿠스 아우렐리우스는 이렇게 말했다.

"변화를 두려워하는 사람이 있는가? 변화 없이 일어날 수 있는 것이 무엇이란 말인가? 우주의 본성 가운데 변화보다 더 사랑스럽고 친근한 것이 무엇이란 말인가? 나무가 변하지 않는다면 너는 더운 물에 목욕할 수 있는가? 음식물이 변하지 않는다면 너는 영양을 섭취할 수 있는가? 그 밖에 생활에 필요한 것들이 변화 없이 이루어질 수 있는가? 너 자신의 변화도 그와 똑같은 것으로 보편적 본성에는 똑같이 필요하다는 것을 너는 보지 못하는가?"[34]

도전을 좋아하는 사람들은 변화를 긍정했고, 용기가 없는 사람들은 늘 변화를 두려워하면서 불안을 안고 살아왔다.
우리의 현실은 변화무쌍하다. 변화하는 세상에서 불안과 두려움은 떠날 날이 없다.
그리하여 동양에서 가장 오래된 경전인 《주역(周易)》에서는 변화를 가정하고 상황의 변화에 따른 대처 방법을 제시하고 있다. 역(易)은 변화를 뜻한다.

---

34) 마르쿠스 아우렐리우스 저, 이동진 옮김, 《명상록》, 해누리, 2009.

'주역'은 양(陽)을 상징하는 효(―)와 음(陰)을 상징하는 효(--) 둘을 사용해 64괘를 만들어 사용하는데, 현대 디지털 컴퓨터의 수학적 구조인 이진법 또한 이진수라 불리는 0과 1 두 개의 숫자만을 이용하여 모든 수를 표현한다.

이진법은 17세기 독일의 수학자이자 철학자인 라이프니츠가 팔괘(八卦)와 같은 동양의 음양 사상으로부터 영감을 받아 최초로 고안했다고 한다. 이것이 사실이라면 '주역'의 원리에 영감을 받아 컴퓨터가 만들어졌다는 것이니 놀라운 일이다.

컴퓨터 프로그램에는 무엇이 들어 있든지 0과 1로 된 숫자들의 집합이 있을 뿐이다. 그런데도 프로그램을 돌리면 무한히 다양한 그림과 음악, 게임, 영상, 사진 등을 만들 수 있다.

그것은 마치 '주역'이 음양의 두 가지 상징으로 구성되지만 그것의 다양한 결합과 그 해석에 의해 우주와 인간에 대한 모든 현상이 설명되는 것과 같다.

태극(또는 무극)은 음과 양을, 하늘과 땅을 낳고 그 안에서 만물을 낳는다. 이것이 동양철학이라면, 현대과학이 낳은 2진법 체계(0과 1)인 디지털과 컴퓨터는 구현 못 하는 것이 없으니, 이 또한 만물을 낳는다고 봐야 한다.

'주역'은 현대과학과도 자연의 이치와도 너무나 닮아 있다. 그래서 과학적이다.

공자가 '주역' 책을 묶은 끈이 세 번 끊어지도록(위편삼절(韋編三絶)) 읽은 것도 그럴만한 가치가 있어서일 것이다. 〈난중일기〉에 보면 이순신 장군도 전투할 날짜를 정할 때 '주역'을 사용했다는 기록이 나온다. 실생활에 적용 가능했다는 얘기가 아니겠는가.

과학자 닐스 보어는 '주역'과 양자역학의 이원적 특성이 같은 것에 감명받아 노벨물리학상을 받을 때 팔괘가 새겨진 옷을 입었다고 한다.

변화는 기의 흐름에서 시작된다. 기의 흐름이 전혀 없어 고요하고 평온한 상태인 태극에서 기가 움직여 음과 양을 낳았다.

기의 흐름이 없었다면 음과 양의 존재도 없었을 것이고, 남녀의 사랑도 없고, 전구에 불을 켤 수도 없다. 변화, 즉 기의 흐름, 음과 양의 변화와 조화에 따라 사랑도 만들어지는 것이다. 서로의 결핍을 채워주는 것이 사랑인 것이다. 결국 하나됨의 노력이다. 우리는 사랑할 때 얼마나 기쁘고 행복한가. 그처럼 하나될 때 인간은 행복할 것이다.

"현존하는 사물과 앞으로 일어날 사건들이 얼마나 빠른 속도로 흔적도 없이 사라지는지 항상 생각하자. 세상만물은 마치 강물이 흐르듯 끊임없이 움직이고 변화하며, 그 변화의 원인 역시 끊임없이 변화한다. 세상에 고정적인 것은 아무것도 없다. 일체 만물은 눈앞에 펼쳐진 과거와 미래 속으로 눈 깜짝할 사이 사라진다. 그런 상황에서 제 홀로 득의양양해하거나 혹은 고통이 영원히 지속될 것처럼 괴로워하는 것이야말로 얼마나 어리석은가?"[35]

변화가 인간을 불안하고 고통스럽게 하므로 다시 하나(태극이나 무극 상태)로 돌아가려 하는 노력이 종교이며 철학일지도 모른다. 하지만 우리는 세상에 태어난 이상, 현실을 외면하거나 회피해서는 안 될 것이다. 변화에 고통스러워하고 일희일비(一喜一悲)해서는 안 될 것이다. 또 만약 변화가 없다면, 둘이 아닌 하나만 있다면 세상은 얼마나 삭막하고 재미없을 것인가. 그렇지만 변화는 인간을 또 얼마나 불안하고 고통스럽게 하는가.
이런 이율배반적인 세상에 우리가 행복하게 사는 법은 변화를 인정하고 다른 이웃을 사랑하는 것이다.

"느긋한 마음으로 혼돈을 즐겨라. 삶은 불안정하다. 이것은 삶이 자유롭다는 의미이다. 삶이 안정적이라 함은 곧 그 속에 구속되어 있다는 의미이다. 모든 것이 확실하다는 것은 거기에 자유가 없다는 의미이다. 내일을 생각하지 말고 자유롭게 흘러라. 느긋한 마음으로 혼돈을 즐겨라. 이것이야말로 인간이 되는 법이다. 그대가 변화를 받아들이면 매 순간 그대에게 새로운 세계, 새로운 삶이 찾아올 것이다. 그대는 매 순간 다시 태어나게 될 것이다"[36]

---

[35] 마르쿠스 아우렐리우스 저, 이동진 옮김,《명상록》, 해누리, 2009.
[36] 오쇼 라즈니쉬 저, 나혜목 옮김,《틈: 오쇼 라즈니쉬가 전하는 삶의 연금술》, 큰나무, 2004.

니체의 말을 다시 한번 생각해보자.

"Amor Fati(Love of Fate)."

다가오는 모든 운명을 사랑하자(변화를 긍정하는 마음가짐이다). 그러면 행복할 것이다. 불안도 없을 것이다. 변화는 인간들 사이에서 일어난다. 하나되면 변화는 무의미하다.
그래서 결론은 인간에 대한 연민과 사랑이다.
하나됨이다.

#22. 죽음에 대하여

"하나의 나뭇잎을 주체로 보면, 가을이 되어 이 나뭇잎이 떨어지는 것은 죽음의 세계로 가는 것이 되지만, 나무 전체의 삶을 주체로 보면 이 나뭇잎의 떨어짐은 나무 전체의 삶을 유지하는 과정에서 나타나는 하나의 현상이다. 이를 깨달은 나뭇잎은 떨어지는 것이 곧 사는 것임을 알기 때문에 기꺼이 떨어질 것이다. 이와 마찬가지로 인간의 삶에 있어서도 성(性)을 주체로 인식하게 되면, 육체적인 죽음은 삶의 과정에서 나타나는 하나의 현상이기 때문에 죽는 것을 곧 사는 것으로 이해하게 된다. 따라서 성(性)에 따라서 살면 죽음도 기꺼이 맞이할 수 있다."[37]

윗글은 공자의 손자인 자사가 지었다는 《중용》 제1장에 나오는 말이다.
삶과 죽음이란, 전체로 본다면 결국 하나 안에서 서로 변화를 주고받는 것이다.
죽음은 삶의 조건이니, 죽음 없이는 삶도 없다. 장자가 말한 '천하를 천하에 숨길 때' 죽음과 삶은 결국 하나인 것이다.

---

37) 이기동 역해,《대학 중용 강설》, 성균관대학교 출판부, 2011.

음식물이 소화되어 변하면 똥이 되지만, 그 변화(죽음)에 의해 육체는 영양분을 얻어 살게 된다.
음식물이 선이고 똥이 악이 아니라,
삶이 선이고 죽음이 악이 아니라,
밝음이 선이고 어둠이 악이 아니라,
단지 변화일 뿐이다. 변화를 통해 사는 것이다.
먹은 식물이 똥으로 변할 때 육체가 살고, 육체가 떨어져 흙으로 변할 때 식물은 살아, 천하 안에서는 삶도 죽음도 없는 것이다. 단지 끊임없는 변화를 반복하면서 새로워지는 것이다. 물이 구름 되고, 구름이 비가 되고, 비가 강물로 흘러 만물을 씻어내며 다시 구름 되는 것이다. 늘 변화하며 새로워지는 것이다.
그러므로 변화를 거부하는 것이야말로 진정 천하의 죽음이라 할 것이다.

다음은 《반야심경》에 나오는 말이다.

"바다 위 파도에는 시작과 끝, 즉 생과 사라고도 할 수 있는 것이 있습니다. 관세음보살은 파도가 비었다고 말했습니다. 파도는 물로 가득하지만, 그의 분리된 자아는 비어 있습니다. 파도는 바람과 물의 도움을 얻어 생겨난 현상입니다. 만일 파도가 밀려왔다 사라지는 자신의 형상에만 집착한다면, 그는 삶과 죽음을 두려워할 것입니다. 하지만 파도가 그 자신을 물의 일부라 여기고 물과 스스로를 동일시하면, 그는 생사에서 자유로울 수 있을 것입니다. 파도는 밀려왔다 사라지지만, 물은 생사를 초월해 존재하기 때문입니다."[38]

우리 인간 개개인을 주체로 본다면 파도처럼 사라지고 마는, 죽음을 두려워할 수밖에 없는 존재가 되지만, 파도가 그 자신을 물의 일부라 여기고 물과 스스로를 동일시하듯이 인간이 스스로를 자연의 일부라 여기고 자연과 스스로를 동일시한다면 인간은 생사에서 자유로울 수 있을 것이다. 인간 개개인은 사라지지만 자연은 생사를 초월해 존재하기 때문이다.
《중용》 제1장과 같은 해석이다. 만일 죽음이 이와 같다면 우리는 죽음을 두려워해야 할 이유가 없다. 죽음은 끝이 아니라 자연의 일부인 것이다. 삶과 죽음이 모두 자연의 한 조각인 것이다.

"모든 실체는 우리와 같은 뿌리에서 뻗어 나온 것이다. 그러므로 기꺼운 마음으로 죽음을 기다리며 모든 생명체의 본질이 같음을 깨닫자. 죽음이란 사물의 본질이 해체되는 과정일 뿐이다. 한 물체가 또 다른 물체로 변화해가는 과정이 뭐가 그리 두려운가? 세상만물의 변화와 붕괴는 자연의 법칙을 따르는 과정이며, 자연법은 결코 악하지 않다."[39]

《장자》 역시 죽음에 대해 같은 생각인 것 같다.

---

38) 틱낫한 지음, 강옥구 옮김, 《틱낫한 스님의 반야심경》, 장경각, 2015.
39) 마르쿠스 아우렐리우스 저, 이동진 옮김, 《명상록》, 해누리, 2009.

"삶과 죽음은 하늘의 법칙(운명)이다. 마치 밤과 낮이 일정하게 번갈아 바뀌는 자연현상과도 같다."

다음은 죽음과 관련된 《장자》의 이야기들이다.[40]

친한 친구인 혜시(惠施)가 부인의 상(喪)을 당한 장자를 조문하러 와서 보니, 장자는 돗자리에 앉아 대야를 두드리며 노래를 부르고 있었다. 혜시가 장자에게 평생을 같이 살고 아이까지 낳은 아내의 죽음을 당해 어떻게 그럴 수가 있느냐고 따지자, 장자는 다음과 같이 말했다고 한다.

"아내가 죽었을 때 내가 왜 슬프지 않았겠는가? 그러나 다시 생각해 보니 아내에게는 애당초 생명도 형체도 기(氣)도 없었다. 유(有)와 무(無)의 사이에서 기가 생겨났고, 기가 변형되어 형체가 되었으며, 형체가 다시 생명으로 모양을 바꾸었다. 이제 삶이 변하여 죽음이 되었으니 이는 춘하추동의 사계절이 순환하는 것과 다를 바 없다. 아내는 지금 우주 안에 잠들어 있다. 내가 슬퍼하고 운다는 것은 자연의 이치를 모른다는 것과 같다. 그래서 나는 슬퍼하기를 멈췄다."

장자의 임종에 즈음하여 제자들이 그의 장례식을 성대히 치르려고 의논하고 있었다. 이것을 들은 장자는 "나는 천지로 관(棺)을 삼고

---

40) 다음 백과, https://100.daum.net/encyclopedia/view/b18j3213b.

일월(日月)로 연벽(連璧)을, 성신(星辰)으로 구슬을 삼으며 만물이 조상객(弔喪客)이니 모든 것이 다 구비되었다. 무엇이 더 필요한가?"라고 말하면서 그 의논을 즉시 중단하게 했다.

이에 제자들은 깜짝 놀라 매장을 소홀히 하면 까마귀와 솔개의 밥이 될 우려가 있다고 말했다. 이에 대해 장자는 다음과 같이 말했다. "땅 위에 있으면 까마귀와 솔개의 밥이 되고, 땅속에 있으면 땅속의 벌레와 개미의 밥이 된다. 까마귀와 솔개의 밥을 빼앗아 땅속의 벌레와 개미에게 준다는 것은 공평하지 않다."

23.   용서에 대하여

용서란 무엇이며, 용서의 범위는 어디까지인가.
용서란 용기 있는 자의 사랑이다. 인간은 불완전함을 전제로 하므로 인간에 대한 연민과 사랑은 불가피하다.
그래서 공자는 인(仁), 맹자는 측은지심, 석가는 자비, 예수는 사랑, 묵자는 겸애를 주장했다.
성경에서는 적조차도 사랑하라 말한다. 어떻게 적까지 사랑할 수 있는가.

칼릴 지브란은 그의 저서 《예언자》에서 "네 손을 거쳐 가지 않은 악이란 없다"라고 말한다.

"그대들 자신이 곧 길이며 또한 길 가는 자이다.
그러므로 그대들 중 누군가가 넘어진다면 그것은 뒤에 오는 이들을 위해 넘어지는 것이다. 걸려 넘어지는 돌이 거기에 있음을 경고하기 위해.
그렇다, 그는 또한 자기보다 앞서가는 이들을 위해 넘어지는 것이다. 비록 빠르고 확실한 걸음으로 앞서갈지라도 아직 그 돌을 치우지 않은 이들을 위해.

또 이 말이 비록 그대의 가슴을 무겁게 할지라도 이 역시 사실이다.
죽임을 당한 자, 자신의 죽음에 책임이 없지 않으며
도둑맞은 자, 자신의 도둑맞음에 비난받을 점이 없지 않다.
정의로운 자, 악한 자의 행동에 완전히 결백하지 않고
정직한 자, 중죄인의 행위에 결코 깨끗하지 않다.
그렇다, 죄인이란 때로 피해자의 희생물이다.
나아가 죄인이란 때로 죄 없고 잘못 없는 자의 짐을 대신 지고 가는 자이다.
그대들은 결코 부정한 자와 정의로운 자를, 악한 자와 선한 자를 나눌 수 없다.
왜냐하면 그들은 마치 검은 실과 흰 실이 함께 짜여지듯 태양의 얼굴 앞에 함께 서 있으므로.
만약 검은 실이 끊어지면, 천 짜는 이는 헝겊 전체를 들여다봐야 하고 베틀까지도 조사해야 한다.

그대들 중 누군가가 부정한 아내를 재판하고자 한다면,
그 남편의 마음도 저울에 달아보고 그의 영혼도 자로 재어보라.
또 죄인을 채찍질하려거든 그 피해자의 정신도 들여다보라.
그대들 중 누군가가 정의의 이름으로 벌을 내려 악의 나무에 도끼를 대려 한다면, 그 나무의 뿌리도 살펴보라.
그러면 분명 선한 것과 악한 것, 열매 맺는 것과 열매 맺지 못하는 것의 뿌리가 대지의 말 없는 가슴속에 함께 뒤엉켜 있음을 알게 되리라.

또 그대, 공정히 재판하려는 자여, 비록 육체적으로는 정직하나 정신적으로는 도둑인 자에게 그대는 어떤 판결을 내릴 것인가?
또한 육체적으로는 살인자이나 정신적으로는 그 자신이 죽임을 당한 자에게 그대는 어떤 형벌을 내릴 것인가?
또 어떻게 고발할 것인가? 그 행동으로는 남을 속인 자요 억압한 자이지만,
그 자신 역시 학대받고 모욕당한 자를.

그리고 저지른 죄보다 뉘우침이 이미 더 큰 자를 어떻게 처벌할 것인가?
뉘우침이란 무엇인가? 그대가 기꺼이 따르는 그 법이라는 것을 통해 정의를 집행하는 것도 바로 뉘우침을 심어주기 위함이 아닌가?
하지만 그대는 죄 없는 이에게 뉘우침을 심어줄 수 없고, 또한 죄지은 자의 가슴으로부터 뉘우침을 끌어낼 수도 없다.
누구의 명령 없이도 뉘우침은 한밤중에 찾아와 사람들을 깨우고 스스로를 응시하게 한다.
그러므로 정의를 이해하려고 하는 자여, 모든 행위를 완전한 빛에 비춰 보지 않고 어떻게 정의를 이해할 수 있겠는가?
오직 그런 다음에야 그대는 알게 되리라. 똑바로 서 있는 자와 넘어진 자는, 사실은 자신의 난쟁이 자아의 밤과 신적 자아의 낮 사이 희미한 빛 속에 서 있는 한 사람에 불과하다는 것을.
또 사원의 돌기둥이 바닥에 놓인 주춧돌보다 더 높지 않다는 것

을."⁴¹⁾

그렇다. 우주는 명, 암이 있고 밤, 낮이 있고 음, 양이 있고 흔히 말하는 선, 악이 있다고 하지만, 선은 악의 희생을 먹고 산다. 선은 악에 빚지고 있는 것이다. 우리가 관여하지 않은 악이란 없다.
그러므로 용서할 수밖에 없다.
누가 장발장을 만들었는가. 빵을 나누지 않았던 선이었다.
누구나가 그 자리에 서면 장발장이 될 것이다. 죄는 미워하되 사람은 미워할 수 없는 것이다.
그래서 악은 나쁜 것이라기보다도 지나치거나 모자란 것이다.

다음은 중국 송나라 유학자 정명도(程明道)의 말이다.

"선은 물론 인간의 본성이다. 악도 역시 본성이라고 말하지 않을 수 없다. 천하의 선악은 모두 천리(天理)인데, 이 악이라고 말하는 것은 본래는 악이지 않고, 단지 지나치거나 미치지 못한 것이다."⁴²⁾

마하트마 간디는 다음과 같이 말한다.

"우리는 검은 것은 깨끗하지 않고, 흰 것은 깨끗하다 여긴다. 그러나 검은 것도 자연의 배치 속에서는 흰 것이나 다름없이 덕이 되고, 제

---

41) 칼릴 지브란 저, 류시화 옮김,《예언자》, 무소의뿔, 2018.
42) 사토 잇사이 저, 노만수 역,《언지록》, 알렙, 2017.

자리를 잃을 때 악이 된다."[43]

그대가 똥을 밟았을 때, 그 똥을 악이라 하지 말라.
그대 삶을 위해 헌신하고 남은 것이며, 또한 땅에 부려지면 생명에 무한한 힘을 주는 양식이 되는 것이다.

그래서 성경에서 하나님은 선인과 악인 가릴 것 없이 모두에게 비를 뿌린다고 하는 것이다. 하나님에게 모든 만물은 차별할 수 없는 자연이고, 한 몸인 것이다.
우주, 자연은 하나됨에서 완전해질 수 있다. 세상의 모든 것은 우주, 자연의 한 부분이다. 어떤 것도 버려질 수 없는 것이다.
그리하여 우리는 결핍의 존재인 모든 것들을 연민과 사랑으로 용서할 수밖에 없다.

함석헌 선생은 말한다.

"조명탄은 양쪽(아군과 적군)에 다 같이 빛이 되듯이, 참 속에는 옳은 것 그른 것이 다 같이 서는 것이고, 사랑 안에는 선한 것 악한 것이 다 하나로 살 수 있습니다."[44]

로마의 황제 마르쿠스 아우렐리우스는 말한다.

---

43) 함석헌 저, 《예언자, 사람의 아들 예수, 날마다 한 생각(함석헌저작집27)》, 한길사, 2009.
44) 함석헌 저, 《간디 자서전(함석헌저작집29)》, 한길사, 2009.

"인간은 서로를 위해 태어났다.
그러니 가르치거나, 아니면 참아라."[45]

---

45) 마르쿠스 아우렐리우스 저, 이동진 옮김, 《명상록》, 해누리, 2009.

24. 베풂에 대하여

우리는 왜 베풀어야 하는가. 받는 기쁨보다 주는 기쁨이 더 큼을 아는 사람은 잘 알 것이다. 왜일까.

중생을 구제해야 할 석가모니가, 일하지 않는다는 불성실함의 비난을 들으며, 오히려 구걸을 한 이유가 무엇일까를 생각해 보았다.
베풂의 기쁨을 알라는 메시지가 아닐까.
자비를 베푸는 기쁨의 경험을 주려고 했던 것은 아닐까.
이것은 물론 나만의 생각일 수도 있다.

다음은 마하트마 간디의 저서에 나오는 말이다.

나낙은 말한다. "네가 남에게 무엇을 주든지 그것은 다 네 것이며, 네가 가지고 있는 것은 모두 네 것이 아니다."[46]

가지고 있음에 기쁨은 없다. 주었을 때의 기쁨이 소유의 기쁨보다 더 크다는 말이 아니겠는가.

---

46) 함석헌 저, 《예언자, 사람의 아들 예수, 날마다 한 생각(함석헌저작집27)》, 한길사, 2009.

너와 나, 우리가 하나임을 알아야 한다. 그러면 사랑이 무엇인지도 알 것이고, 장자의 '천하를 천하에 숨긴다'는 것도 알 것이고, 선과 악이 따로 없다는 것도 알 것이고, 우주에 삶과 죽음이 따로 없음도 알 것이다.

자연이 균형을 갖추고 생태계를 유지하듯, 인간은 베풂을 통해 스스로의 삶도 유지할 수 있을 뿐만 아니라, 세상의 불안과 혼란을 줄일 수 있다.
빵 한 조각 나눌 수 있는 마음만이라도 있다면 장발장은 없을 것이며, 사회는 더 안정적이고 따뜻해질 것이다.
이는 자연이 스스로 치유의 능력을 발휘하여 생태계를 유지하는 것과도 같다.

베풂에 대한 칼릴 지브란의 통찰과 비유는 탁월하다.

"대지는 그대들에게 자신의 모든 열매를 허락한다. 그러므로 그대들이 다만 어떻게 손에 넣을지 안다면 결코 부족함이 없으리라.
풍요와 만족은 대지의 선물을 서로 잘 교환하는 데 있다. 그러나 그 교환이 사랑과 부드러운 정의로 이루어지지 않는다면, 그것은 단지 어떤 자를 탐욕으로, 어떤 자를 굶주림으로 이끌 뿐⋯⋯.

그러므로 그대들이 장터를 떠나기 전에 보라, 빈손으로 돌아가는 이가 없는가를.

대지를 주관하는 영은 그대들 중 지극히 작은 자의 필요까지 다 채우기 전에는 바람 위에 평화롭게 잠들지 못한다…….

그대가 가진 것을 줄 때 그것은 주는 것이 아니다. 진정으로 주는 것은 그대가 그대 자신을 줄 때이다.
그대가 가진 것이란 무엇인가? 그것은 내일 부족할 것을 염려해 간직하고 지키는 것일 뿐.
또 내일이라는 것은 무엇인가? 순례자들을 따라 성지를 다니며 흔적도 없는 모래밭에 뼈다귀를 묻어두는 겁 많은 개에게 내일이 무엇을 가져다줄 것인가?
부족할까 두려워함이란 무엇인가? 두려워하는 것, 그것이 이미 부족함이 아닌가?
집에 우물이 가득 찼어도 목마를까봐 두려워한다면, 그 목마름은 영원히 채울 길이 없다.

세상에는 많은 것을 가졌으나 조금밖에 주지 않는 사람들이 있으니, 그들은 주되 남이 알아주기를 바라는 마음으로 주는 것이다. 그러므로 그 숨은 욕망이 그 선물마저 순수하지 않은 것으로 만든다.
가진 것이 별로 없으면서도 자신이 가진 전부를 주는 사람이 있다. 그들은 생명을 믿고, 생명의 아낌없이 줌을 믿는 사람들이다. 그래서 그들의 주머니는 결코 비는 법이 없다.
세상에는 또 기쁨으로 주는 이들이 있으니, 그 기쁨이 바로 그들의 보상.

또한 고통 속에서도 주는 이들이 있으니, 그 고통이 바로 그들의 세례.

그러나 주되 고통도 모르고, 기쁨도 추구하지 않으며, 선을 행한다는 생각도 없이 주는 이들이 있으니,
그들은 마치 저 골짜기의 소나무가 허공에 솔향을 날리듯 그렇게 준다…….

그리고 아낌없이 주려는 이에게는 받을 사람을 찾는 기쁨이 주는 기쁨보다 더 크다.
그대가 아낄 것이 무엇인가?
그대가 가진 것은 모두 언젠가는 다 내줘야만 하는 것.
그러므로 지금 주라. 때를 놓쳐 그대의 뒷사람이 주게 하지 말고 그대 자신이 주라.

그대들은 자주 이렇게 말한다. '나는 주리라. 그러나 오직 받을 자격이 있는 자에게만.'
그대 과수원의 나무들, 그대 목장의 가축들은 결코 그렇게 말하지 않는다.
그들은 자기가 살기 위해 준다. 주지 않고 움켜쥐는 것은 죽음으로 가는 길이기 때문이다.
분명한 것은, 밤과 낮을 맞이할 자격이 있는 사람이면 그대에게서 무엇이나 받을 자격이 있다는 것이다.
생명의 바다에서 마실만한 사람이면 그대의 작은 시냇물로 충분히

잔을 채울만하다.

또한 받아줄 줄 아는 저 용기와 자신감, 아니 그보다도 받아 주는 저 너그러움 외에 무슨 자격이 더 필요한가?
그런데 그대는 어떤가? 남의 가슴을 찢고 자존심을 발가벗겨서, 바닥에 떨어진 그들의 가치와 온통 발가벗겨진 자존심을 구경하고 있지 않은가?
무엇보다 먼저 그대 자신이 줄 자격이 있는가, 주는 심부름꾼이 될 자격이 있는가를 물어보라.
진실을 말한다면, 생명이 생명에게 주는 것이니, 스스로를 주는 자라고 생각하는 그대는 하나의 증인에 불과할 뿐이다.

그리고 그대들 받는 이들이여, 물론 그대들 모두는 받는 이들이지만, 얼마나 감사해야 할지를 생각하지 말라. 그것이야말로 그대들 자신에게나, 주는 이에게나 굴레를 씌우는 일이므로,
그보다는 주는 이와 함께 그의 선물을 날개 삼아 날아오르라.
자신이 진 빚을 지나치게 염려함은, 아낌없이 주는 대지를 어머니로 삼고 신을 아버지로 삼은 그의 너그러운 마음을 의심하는 일이기에."[47]

주고받는다는 것은 자연의 이치와도 같은 것이다.

---

47) 칼릴 지브란 저, 류시화 옮김, 《예언자》, 무소의뿔, 2018.

한 그루의 나무가 사는 법을 보자. 열매는 뿌리에게 주어야 하고, 뿌리는 열매를 받아먹어야 나무는 자신의 생명을 유지할 수 있는 것이다. 열매는 떨어져 베풀어야 하고, 뿌리는 받아야 한다. 열매가 뿌리에게 너도 나처럼 베풀어라 할 수는 없는 것이다. 뿌리는 받아야 사는 것이고, 열매는 주어야 다시 열매를 맺을 수가 있다.
나무의 삶 자체가 자연의 법칙과도 같은 것이다.

"그들은 자기가 살기 위해 준다. 주지 않고 움켜쥐는 것은 죽음으로 가는 길이기 때문이다." (윗글 부분 인용)

윗글에서 주는 자에게는 "그대 자신이 줄 자격이 있는가"를 스스로에게 물어보라고 하면서, 받는 자에게는 "받아주는 너그러움 외에 무슨 자격이 더 필요한가?"라고 말한다.
또한 자신이 받은 것을 지나치게 미안해함은 아낌없이 주는 대지를 어머니와 같이 믿고, 신을 아버지와 같이 믿고 있는 주는 자의 너그러운 마음을 의심하는 일이므로 당당히 받으라 말한다.

강물이 흘러 흘러 바다가 되면, 강물은 자신의 이름을 버리고 결국 하나가 된다. 자연 안에서, 우주 안에서 주는 자와 받는 자는 따로 없어지는 것이다. 하나됨이 우주의 법칙인 것이다.
바다는 얼마나 평온한가. 그곳에는 다툼도 갈등도 죽음도 자신의 이름도 없다. 파도는 포말이 되어 사라지지만 바다는 결코 사라지지 않는 우주와도 같다.

자연의 법칙은 언제나 제로섬(zero sum)이다. 잃거나 얻거나 총합은 언제나 같다. 장자의 조삼모사, 천하를 천하에 숨긴다는 말을 다시 한번 기억하자.

25.   집착에 대하여

집착이란 무엇인가.

한 부분만을 취하려 드는 것.
한 곳에 들러붙으려 하는 것.
선악이 이미 가려진 것.
이분법적.
우물 안 개구리.
변화를 거부하는 것.
둔감한 것.
결과론적 삶.

다음은 마하트마 간디의 저서에 나오는 말이다.

"어떻게 하면 집착에서 벗어날 수 있을까.
이는 기쁨과 슬픔, 친구와 적, 내 것과 남의 것을 모두 똑같이 여기는 데에 있다.
세상은 서로 반대되는 것들로 가득하다. 행복 뒤에는 슬픔이 있고, 슬픔 뒤에는 행복이 있다. 햇빛이 비치는 곳이면 어디든 그늘이 있고, 빛이 있는 곳이면 어둠이 있게 마련이다. 태어남이 있는 곳에는 또 죽음이 있다. 무집착은 이러한 상반된 것들에 영향을 받지 않는다. 이들을 이겨내는 길은 이들을 없애버리는 데 있는 것이 아니라, 이들을 뛰어넘고 일어나 집착으로부터 완전히 자유로워지는 데 있다."[48]

---

48) 함석헌 저, 《예언자, 사람의 아들 예수, 날마다 한 생각(함석헌저작집27)》, 한길사, 2009.

26.　　　　　　　　　　　　　　　　자유에 대하여

자유란 무엇인가.
속박, 구속에서 벗어난 것이다.
우리는 스스로 속박되어 있는 경우가 많다.
집착이 그것이다. 돈이나 일이나 사랑, 그 밖에 많은 것들로 스스로를 묶고 있다. 소유도 구속이며, 시간에 쫓김도 구속이고, 미래를 위해 현재를 포기한 삶 또한 구속이다.

자유란, 얽힘 없이 현재에 사는 것이다.
카르페 디엠(carpe diem)인 것이다.
현재를 산다는 것은 용기라는 칼날로 구속과 집착들을 끊어내는 것이다.

《그리스인 조르바》라는 소설로 잘 알려진 니코스 카잔차키스가 생전에 미리 써놓은 그의 묘비명은 용기와 자유를 향한 강렬한 의지를 보여준다.

그는 결과에 집착하지 않는 삶에서 얻어지는 용기를 통해 삶의 구속과 속박에서 완전히 벗어난 자유로움을, 그의 묘비에 단 세 줄로 간결하고도 강렬하게 압축해놓았다.

"나는 아무것도 바라는 것이 없다. 나는 아무 두려움도 없다. 나는 자유다."

'아무것도 바라는 것이 없다'는 것은 의욕이나 욕망이 없다거나 자포자기의 상황이란 이야기가 아니라, 누구보다도 자유롭게 욕망에 따른 행위를 하지만 결과를 결코 두려워하지 않는다는 것이다. 두려움이 없으면 자연히 용기가 일고, 그때부터는 속박에서 벗어난 자유인 것이다. 멋진 말이다.

결과에 집착하지 않는 삶, 얽매이지 않는 삶. 그로 인해 얻은 완전한 자유. 이는 '그리스인 조르바'의 삶이기도 하다.

이처럼 두려움이 없는 사람은 자기 신념대로 용기 있게 자기 삶의 주인이 될 수 있다.
어떻게 두려움을 없애고 용기 있게 살 수 있는가.
인류에 대한 보편적인 사랑으로 남과 나를 합일시켜보자. 그러면 어떠한 사심도 집착도 없을 것이며, 어떤 결과든 중요하지 않고, 그러하기에 두려워할 이유도 없으며, 완전한 자유를 얻어 행복해지리라는 것은 명확하지 아니한가.

집착을 끊어낼 때 결과를 두려워하지 않고 얽매임에서 벗어나 자유를 찾게 된다.

칼릴 지브란은 말한다.

"낮에 근심이 없고 밤에 욕망과 슬픔이 없을 때 그대가 진정으로 자유로운 것이 아니다.
그보다는 그 모든 것이 그대의 삶에 휘감겨도 그것들을 벗어 던지고 얽매임 없이 일어설 때 그대는 진정으로 자유롭다."[49]

다음은 불교 경전 《숫타니파타》에 나오는 말이다.

"홀로 걸어가고, 게으르지 않으며 비난과 칭찬에도 흔들리지 않고 소리에 놀라지 않는 사자처럼, 그물에 걸리지 않는 바람처럼, 진흙에 더럽히지 않는 연꽃처럼 남에게 이끌리지 않고 남을 이끄는 사람, 현자들은 그를 성인으로 안다."[50]

---

49) 칼릴 지브란 저, 류시화 옮김, 《예언자》, 무소의뿔, 2018.
50) 법정 저, 《숫타니파타》, 이레, 2005.

다음은 자유를 노래한 나의 시이다.

바람

살랑대는 나뭇가지와 흐느끼는 나뭇잎 사이로
나는 지나간다

때로는 파도를 일렁이고
하늘에 살아
흩날리는 눈발과 목적지를 같이하기도 하며
가을볕에 반짝이는 우듬지의 나뭇잎들을
속삭이게도 하는
나는 바람이다

여름의 숨 막히는 태양과 겨울의 눈보라도
나의 의지를 흔들지는 못했다

고고한 여인의 단아한 치맛자락도
함부로 날리고
그물에도 걸리지 않는
나는 바람이다

새의 날갯짓에 아파하지 않고
그들의 날개에 스며 방향을 같이하는
나는 바람이다

한 잎 나뭇잎이 떨어질 때도 이리저리 몰아가며
한 줄 생각을 떨구게 하는
나는 바람이다

가을볕에 익어 떨어지는
빨간 나뭇잎에 향기를 입히는
나는 바람이다

그대 곁에 잠시 머물다 가는
그 흔적이 남지 않음에 아름다운
나는 바람이다

27.   정의란 무엇인가

정의란 사랑과 믿음을 가지고 바라는 소망이며, 그 결과에 집착하거나 두려워하지 않는 것이다.

정의란 티 없이 맑은 밤이나 구름 자욱이 낀 밤이나 언제나 그 자리에서 빛나고 있는 별과 같은 것이다.
검은 밤은 언제나 빛을 잃지 않는 별을 품고 있는 것이다. 암흑 속에서 더욱 빛나는 것. 그것이 정의 아닐까.

사랑은 믿음을 낳고, 믿음은 의지를 낳고, 의지는 용기를 낳고, 정의는 용기를 무기로 삼는다.

정의는 결과에 집착함이 없기에 승, 패로 평가받을 이유도 없는 것이고 죽음도 두렵지 않은 것이다.
정의롭지 않은 신념은 의지가 약하므로 뿌리째 뽑히기도 쉬워 물결 따라 인생 따라 마냥 흘러가고 말 것이다.

정의가 뿌리째 뽑힐 때도 있어, 눈물을 흘려본 기억들이 있을 테지만 그 결과가 정의의 가치를 말해주지는 않는 것이며, 그러하기에 정의는 평가받아야 할 이유가 없으니, 단지 홀로 신념의 뿌리로 우뚝 서는 것이라는 것을 알아야 한다.

별은 스스로 하늘에 뿌리박고 반짝일 뿐 구름이 가리더라도 언제나 그곳에서 빛나고 있다. 흐린 구름 뒤로 별은 늘 빛나고 있다.
체게바라와 묵자와 소크라테스가 그러하듯이.
예수와 석가모니와 육사의 시들이 그러하듯이.

다음은 동중서의 《춘추번로》에 나오는 말이다.

"불인(不仁)하면서 용력(勇力)과 재능이 있게 되면 미치광이가 예리한 병기를 가진 것이고, 지혜롭지 못하면서 말을 잘하고 성질이 급하게 되면 미혹되어서 좋은 말을 탄 것과 같다. 그러므로 인하지 못하고 지혜롭지 못하면서 재능이 있게 되면 장차 그 재능으로써 그의 사특하고 미쳐 날뛰는 마음을 보태게 되고 그 간사하고 사리를 어기는 행동을 길러주어, 그의 그른 행동을 크게 하고 그의 악을 더 심하게 하는 데 적당한 것이다. 이러한 것은 재능이 없는 것이 아니지만 그들이 부당한 데 베풀고 불의(不義)에 처하게 하기 때문이다.
논어에 이른바 남을 알지 못하는 자라고 한 것은 이러한 무리들을 분별하여 알지 못하는 것을 두려워하는 것이다.
인하면서도 지혜롭지 못하면 사랑이 분별되지 않게 되고, 지혜로우면서도 인하지 아니하면 알아도 행하지 않는 것이다.
그러므로 인한 자는 인류를 사랑하는 것이며, 지혜로운 자는 그 해로운 것들을 제거하는 것이다."[51]

재능이 정의롭게 쓰이지 못하면 미치광이가 예리한 병기를 가진 것과 같다. 정의롭지 않은 재능은 쓸 데가 없을 뿐 아니라, 오히려 심한 해가 되는 것이다.
이러한 재능은 공자의 말대로 신뢰를 알 수가 없어서 쓰여질 수 없는 재능들이다.

---

51) 동중서 저, 남기현 역, 《춘추번로》, 자유문고, 2005.

28. **누가 가난한 자인가**

물질적으로 가난한 사람이 더 자유롭다는 것을 아는가.

유베날리스는 말한다.

"무일푼인 여행자는 노상강도를 상대로 노래도 부를 수 있다. 신에게 제발 부자가 되게 해달라고 기도하는 짓은 그만둬라. 너는 가난뱅이가 되어야만 알 수 있는 홀가분함을 잊었는가?"[52]

고대 그리스의 현자 비아스는 말한다.

"나의 모든 것은 몸과 함께 걸어 다닌다."[53]

다음은 《법구경》에 나오는 말이다.

"깨어난 자는 한곳에 머물지 않는다.
호수를 버리고 날아오르는 백조처럼

---

52) 북타임 엮음, 《그리스 로마 명언집》, 북타임, 2009.
53) 디오게네스 라에르티오스 저, 전양범 역, 《그리스철학자열전》, 동서문화사, 2008.

그들은 공중으로 날아올라 보이지 않는 길을 떠난다.
아무것도 갖지 않고, 아무것도 모으지 않은 채
그들은 지식을 먹으며 허공중에 산다.
그들은 자유롭게 되는 법을 알았다."[54]

성경은 왜 "가난한 자는 복이 있나니"라고 말하는가.
내일을 미리 예비(미리 준비)함 없는 절제된 가난은, 두려워할 일 없이 오늘의 걱정을 오늘에 그치게 하기 때문이다.

'가난한 자'란 타인에 대한 베풂과 사랑으로 가난을 받아들일 줄을 아는 사람을 말한다. 일용할 양식에 감사할 줄 알며, 그날에 남는 것은 쌓아두지 않고 베풀고 나누는 사람이다. 자신을 세계의 시민으로 인식하는 사람이며, 인(仁)한 사람이며, 자비로운 사람이며, 나와 남은 하나임을 알고 우주와 자연의 법칙을 아는 사람이며, 정의가 기능하는 사람이다.
또한 절제의 가치를 알고, 돈보다는 시간을 버는 사람이며, 그리하여 자유로운 사람이다.
사실은 가난하지 않은 사람이다.
당연히 복이 있다 할 것이다.

쉼 없이 내일을 걱정하여 쌓아두는 사람들은 두려워하는 자들이며,

---

[54] 오쇼 라즈니쉬 지음, 손민규 옮김, 《법구경》, 태일출판사, 2002.

오히려 가난한 사람이다.

그 쉼 없는 걱정은 복과는 거리가 멀다.

그러므로 성경은 "가난한 자는 복이 있나니"라고 말한다.

마태복음(6:24-34)은 말한다.

"한 사람이 두 주인을 섬기지 못할 것이니 혹 이를 미워하며 저를 사랑하거나 혹 이를 중히 여기며 저를 경히 여김이라. 너희가 하나님과 재물을 겸하여 섬기지 못하느니라.
그러므로 내가 너희에게 이르노니 목숨을 위하여 무엇을 먹을까 무엇을 마실까 몸을 위하여 무엇을 입을까 염려하지 말라. 목숨이 음식보다 중하지 아니하며 몸이 의복보다 중하지 아니하냐.
공중의 새를 보라 심지도 않고 거두지도 않고 창고에 모아들이지도 아니하되 너희 천부께서 기르시나니 너희는 이것들보다 귀하지 아니하냐.
너희 중에 누가 염려함으로 그 키를 한 자나 더할 수 있느냐.
또 너희가 어찌 의복을 위하여 염려하느냐. 들의 백합화가 어떻게 자라는가 생각하여 보라. 수고하지 아니하고 길쌈도 아니하느니라.
그러나 내가 너희에게 말하노니 솔로몬의 모든 영광으로도 입은 것이 이 꽃 하나만 같지 못하였느니라.
오늘 있다가 내일 아궁이에 던지우는 들풀도 하나님이 이렇게 입히시거든 하물며 너희일까 보냐 믿음이 적은 자들아.

그러므로 염려하여 이르기를 무엇을 먹을까 무엇을 마실까 무엇을 입을까 하지 말라.
이는 다 이방인이 구하는 것이라 너희 천부께서 이 모든 것이 너희에게 있어야 할 줄을 아시느니라.
너희는 먼저 하느님의 나라와 하느님께서 의롭게 여기시는 것을 구하여라. 그리하면 이 모든 것도 곁들여 받게 될 것이다. 그러므로 내일 일은 걱정하지 말라. 내일 걱정은 내일에 맡겨라. 하루의 괴로움은 그날에 겪는 것만으로 족하니라."

위에서 한 사람이 두 주인을 섬기지 못한다는 것은(하나님과 재물을 겸하여 섬기지 못한다는 것은), 다시 말해서 인류에 대한 사랑과 재물을 겸하여 섬길 수 없다고 하는 것은,

재물을 귀히 여겨 사욕에 빠지면 남의 것을 빼앗기 위해서 다투게 될 것이니, 사랑을 저버리는 것이다. 부(富)가 의(義)를 해친다고 본 것이다. 조선의 선비들이 생업에 종사하지 않았던 이유도 여기에 있었다.

반대로 인류에 대한 사랑을 섬긴다면 재물을 위해 사람들과 다툴 수가 없을 것이다. 따라서 사랑과 재물은 동시에 추구할 수가 없는 것이다.
그래서 '가난한 자에게는 복이 있나니'라고 하면서도 '부자가 천국에 들어가는 일은 낙타가 바늘구멍에 들어가기보다 어렵다'는 말을 하

는 것이다.

그러면 재물이 없으면(경쟁하지 않으면, 다투지 않으면) 어떻게 먹고사느냐고 할 텐데, 하늘이 키울 것이니 사욕을 버리고 내일을 걱정하면서 오늘을 살지 말라고 한다.
여기서 하늘이 키운다는 것은, 하늘이 준 대지의 선물을 사랑으로 서로 나눈다면 넉넉할 것이라는 비유일 것이다.
사랑 안에서는 모두가 살 수 있는 것이다.
들의 백합화는 인간처럼 수고하지 아니하고 길쌈도 아니하고 대지를 옷으로 입고 살아도 솔로몬의 화려한 옷보다 낫다고 하지 않는가.

이런 삶은 남과 나를 하나로 볼 수 있는 마음가짐에서 나온다. 이것이 사랑인 것이다. 또 다른 나에게 베푸는 것은 결국 나에게 베푸는 것이기에 나에게는 더하고 덜할 것도 없는 것이다. 제로섬(zero-sum)이다. 결국 얻거나 잃을 것이 없다. 총계는 똑같아진다. 그래서 네 이웃을 네 몸처럼 사랑하라 했다. 이 진리를 우리는 알아야 한다.

"그러므로 염려하여 이르기를 무엇을 먹을까 무엇을 마실까 무엇을 입을까 하지 말라.
이는 다 이방인이 구하는 것이라 너희 천부께서 이 모든 것이 너희에게 있어야 할 줄을 아시느니라.
너희는 먼저 하느님의 나라와 하느님께서 의롭게 여기시는 것을 구하여라. 그리하면 이 모든 것도 곁들여 받게 될 것이다. 그러므로 내일 일은 걱정하지 말라. 내일 걱정은 내일에 맡겨라. 하루의 괴로움은 그날에 겪는 것만으로 족하니라."

이 부분을 잘 살펴보자.
'무엇을 마실까 무엇을 먹을까'란 우리가 늘 하는 걱정인 미래에 대한 두려움이다.
하지만 인간이 태어날 때 제 먹을 복은 타고난다고 말한다(천부께서 이 모든 것이 너희에게 있어야 할 줄을 아시느니라).
우리가 먼저 구해야 할 것은 '하늘이 의롭게 여기는 것'이라고 했다. 이는 타인에 대한 이해와 연민, 사랑을 의미한다. 그리하면 이 모든 것(먹을 것, 마실 것, 입을 것)을 곁들여 같이 받게 될 것이라 말한다.
모두가 하나임을 알고 사랑으로 나누면 결국 부족할 것 없이, 두려워할 것 없이 모두가 같이 걱정 없이 살 수 있을 정도는 된다는 것이다.
사랑의 힘은 우주와 자연의 힘이다.

이에 대한 칼릴 지브란의 뛰어난 비유를 보자.

"풍요와 만족은 대지의 선물을 서로 잘 교환하는 데 있다. 그러나 그 교환이 사랑과 부드러운 정의로 이루어지지 않는다면, 그것은 단지 어떤 자를 탐욕으로, 어떤 자를 굶주림으로 이끌 뿐······.

그러므로 그대들이 장터를 떠나기 전에 보라, 빈손으로 돌아가는 이가 없는가를.

대지를 주관하는 영은 그대들 중 지극히 작은 자의 필요까지 다 채우기 전에는 바람 위에 평화롭게 잠들지 못한다…….

그대가 가진 것을 줄 때 그것은 주는 것이 아니다. 진정으로 주는 것은 그대가 그대 자신을 줄 때이다.

그대가 가진 것이란 무엇인가? 그것은 내일 부족할 것을 염려해 간직하고 지키는 것일 뿐.

또 내일이라는 것은 무엇인가? 순례자들을 따라 성지를 다니며 흔적도 없는 모래밭에 뼈다귀를 묻어두는 겁 많은 개에게 내일이 무엇을 가져다줄 것인가?

부족할까 두려워함이란 무엇인가? 두려워하는 것, 그것이 이미 부족함이 아닌가?

집에 우물이 가득 찼어도 목마를까봐 두려워한다면, 그 목마름은 영원히 채울 길이 없다."[55]

그날그날의 양식(일용할 양식)으로 사는 이에게는 그날그날의 걱정으로 족한 것이다. 일용할 양식으로 산다는 것은 풍요로운 대지의 선물을 서로 잘 교환하는 것이며, 이 교환은 사랑과 부드러운 정의로 이루어지는 것이기 때문에 어떤 자를 두려움에서 오는 탐욕으로 이끌지 않을 것이며, 그로 인하여 어떤 자를 굶주림으로 이끌지 않

---

55) 칼릴 지브란 저, 류시화 옮김, 《예언자》, 무소의뿔, 2018.

을 것이다.
사랑과 부드러운 정의를 성경에서는 '하느님의 나라와 하느님께서 의롭게 여기시는 것'이라 했다.

진정 가난한 자는 스스로 가난하다고 생각하는 사람이며, 탐욕스런 사람이며, 내일의 먹을 것을 두려워하여 창고에 곡식을 가득 채워둔 사람이다.
가난은 빈곤한 정신에 있지 물질에 있지 않다.

정신이 빈곤하지 않다면 절대 가난해질 일이 없다.
우리는 그리스의 철학자 디오게네스와 공자의 제자 안회를 알고 있지 않은가. 우리나라에는 이덕무, 정약용 등 물질적으로는 부족하나 절대 가난하지 않았던 선비들이 많이 있었다.

지혜만 먹고도 배부른 사람들이 있었다.
고대 그리스의 디오게네스나 공자의 제자인 안회, 우리의 가난한 선비들이 그러했다.

세상에 금수저나 흙수저란 따로 없다. 알렉산더 대왕은 금수저고, 디오게네스는 흙수저란 말인가. 디오게네스는 스스로 그렇게 생각하지도 않았고, 알렉산더 역시 마찬가지였다.
디오게네스를 키니코스학파라 하는데, 견유학파란 뜻이다. 키니코스, 견유는 '개'를 의미한다. 이는 이러한 이야기에서 유래했다고도 한다.

단 한 벌의 옷만 걸친 채, 평생을 커다란 통 속에서 살았던 디오게네스는 어느 날 개 한 마리가 혀로 물 마시는 것을 보고는 개도 저렇게 마시는데 표주박이 왜 필요하냐며, 그가 가진 마지막 재산인 표주박마저도 던져버렸다고 한다. 그래서 그는 개라는 별명을 얻었다고도 한다.

표주박마저도 버렸던 그가 스스로를 흙수저라 생각했을 리는 없겠다.

견유학파의 시초는 소크라테스 제자인 안티스테네스로부터 시작한다. 그는 다음과 같이 말했다.

"나는 내가 배고프지 않을 만큼, 목마르지 않을 만큼 가졌다. 벗지 않을 만큼 입었다. 밖에 있을 때는 저 부자 칼리아스보다도 더 떨지 않고 안락하다. 안에 있을 때는 따뜻한데 왜 옷이 필요한가?"[56]

공자가 사랑하고 아끼던 제자 안회는 평생 술지게미나 쌀겨 같은 거친 음식조차 배불리 먹어본 적이 없을 정도로 가난하여 끼니 거르기를 밥 먹듯 했지만 가난을 부끄럽게 여기지 않고 학문에 힘썼다. 이런 안회를 보고 공자는 칭찬을 아끼지 않았다.

---

56) 위키백과, 〈키니코스학파〉, 〈안티스테네스〉

다음은 그의 제자 안회에 대한 공자의 말이다.

"어질구나, 안회여. 한 그릇의 밥과 한 표주박의 물로 누추한 마을에 살면 사람들은 그 근심을 견디지 못하거늘, 안회는 그 즐거움을 바꾸지 않으니. 어질도다, 안회여." (논어)

보통 사람들이라면 견디기 어려운 가난 속에서, 물에 밥을 말아 먹으면서도 즐거운 마음으로 자신이 추구하는 학문에 매진했던 안회. 그는 한 그릇의 밥과 한 표주박의 물로 누추한 마을에 사는 것을, 그 가난 자체를 즐거워한 것이 아니라, 스스로가 즐겼던 학문에의 도를 추구하는 삶을, 가난을 걱정하고 벗으려는 노력과 바꾸지 않았을 뿐이다.
안회가 젊은 나이로 죽었을 때 공자는 "하늘이 나를 버렸구나(天亡我)"라며 대성통곡한다.

조선의 책벌레 유학자 이덕무는 가난한 선비의 대명사였다.
《한서 이불과 논어 병풍: 이덕무 청언소품》에 다음과 같은 이야기가 나온다.

이덕무의 집은 겨울에 몹시 추워 입김을 불면 방 안에 성에가 생길 정도여서, 한밤의 추위에 일어나 《한서》라는 책 한 질을 이불 위에 덮고 《논어》를 병풍처럼 막아 놓고 눕지 않았으면 얼어 죽었을 뻔했다는 이야기가 있다.

하지만 그는 가난을 꺼리거나 두려워하지 않았다.
가난에 대한 그의 생각은 다음과 같았다.

"가장 으뜸은 가난을 편안히 여기는 것이다. 그다음은 가난을 잊는 것이다. 가장 낮은 생각은 가난을 꺼리고, 가난을 호소하며, 가난에 눌려 가난에 부림을 당하는 것이다. 또 가장 최악인 것은 가난을 원수처럼 미워하다가 가난에 죽는 것이다."[57]

다음은 가난과 부에 관한 현인들의 생각이다.

"가난은 부의 감소가 아니라 탐욕의 증가에 있다."[58] (플라톤)

"부유한 자가 품고 있는 가난은 가장 무서운 빈곤이다."[59] (세네카)

"만족을 아는 것이 가장 부자." (법구경)

"물건이 남아돌면 부(富)라고 하는데, 이러한 부를 바라는 마음이 곧 빈(貧)이다. 물건이 부족하면 빈이라고 하는데, 이 빈에 만족할 줄 아는 마음이 부다. 부귀는 마음속에 있지 재물에 있지 않다."[60] (사토 잇사이)

---

57) 정민 저, 《한서 이불과 논어 병풍: 이덕무 청언소품》, 열림원, 2018.
58) 플라톤 저, 천병희 역, 《법률》, 숲, 2016.
59) 몽테뉴 저, 손우성 역, 《몽테뉴 수상록》, 동서문화사, 2007.
60) 사토 잇사이 저, 노만수 역, 《언지록》, 알렙, 2017.

"부귀는 모든 사람이 바라는 것이지만 정당한 방법으로 얻은 것이 아니라면 부귀를 누리지 않아야 한다. 빈천은 모든 사람이 싫어하는 것이지만 정당한 방법으로 버리는 것이 아니라면 버리지 않아야 한다. 군자는 의(義)에 기뻐하고, 소인은 이익에 기뻐한다."[61] (논어)

"인생에는 돈도, 쾌적한 주거도, 건강하고 풍성한 식사도 필요하다. 그것들을 손에 넣음으로써 사람은 독립하여 자유롭게 살아갈 수 있다. 그런데 그런 소유가 도를 넘으면 사람은 180도 돌변하여 소유욕의 노예가 되어버린다. 소유하기 위해서 인생을 소비하고 휴식 시간까지 구속당하며, 조직에 조종당하고 끝내는 국가의 구속까지 받게 된다. 인생이란 것이 끝없이 많이 소유하는 경쟁을 위해서 주어진 시간일 리 없다."[62] (니체)

"사람에게는 털이나 깃이 없다. 옷을 입지 않으면 추위를 견디지 못한다. 위로 하늘에 매달려 있지 못하고 아래로 땅에 붙어 있지 못하여 장과 위를 뿌리로 삼아 먹지 않으면 살아갈 수 없다. 이런 까닭으로 이득을 보려는 마음에서 벗어나지 못한다. 이득 보려는 마음을 물리치지 못하는 것이 사람 몸의 근심이다. 그러므로 성인은 옷이 충분히 추위를 견딜 수 있고 음식이 충분히 허기진 배를 채울 수 있다면 근심을 하지 않는다는 것이다. 그러나 일반 사람들은 그렇지

---

61) 시부사와 에이치 저, 노만수 역, 《논어와 주판》, 페이퍼로드, 2009.
62) 프리드리히 니체 저, 시라토리 하루히코 엮음, 박재현 옮김, 《니체의 말》, 삼호미디어, 2013.

못하다. 크게는 제후가 되고 작게는 천금이나 되는 재산을 남기더라도 이득 보려는 근심을 물리칠 수 없다. 죄수들도 혹 형을 면제받고 죽을죄도 때로는 살릴 수 있다. 그러나 만족할 줄 모르는 자의 근심은 평생토록 풀려날 수 없다. 그러므로 노자에 말하기를 '재앙은 만족할 줄 모르는 것보다 더 큰 것이 없다'고 하는 것이다."[63] (한비자)

양주가 말했다.
"원헌(原憲)은 노나라에서 가난에 찌들었지만, 자공은 위나라에서 재물을 늘렸다. 원헌의 가난함은 삶을 손상시켰고, 자공의 재산 증식은 몸을 망가뜨렸다."
다른 사람이 물었다.
"그렇다면 가난한 것도 좋지 않고 재물을 늘리는 것도 좋지 않다는 것이로군요. 그러면 어떻게 해야 좋습니까?"
양주는 이렇게 대답했다.
"가장 좋은 방법은 삶을 즐기고 몸을 편안히 하는 데 있다. 그러므로 삶을 즐기는 자는 가난하지 않고 몸을 편안히 하는 자는 재물을 불리지 않는다."[64] (열자)

"우리는 가지지 못한 고통이 잃는 고통보다 훨씬 덜하리라고 생각해야 할 것이네. 그러면 잃을 것이 더 적은 가난이 덜 괴로울 것이네.

---

63) 한비 저, 이운구 역, 《한비자 1-2》, 한길사, 2002.
64) 열어구 저, 정유선 옮김, 《열자: 조화로운 삶이란 무엇인가》, 동아일보사, 2016.

부자가 손실을 더 의연하게 참는다고 생각한다면 그것이야말로 착각일세. 상처에서 느끼는 고통은 몸집이 크나 작으나 매일반이니까 말일세. 돈을 잃는 것보다는 벌지 않는 것이 더 견딜만하고 수월하다네. 그래서 자네는 행운에게 버림받은 사람들보다는 행운이 거들떠도 보지 않는 사람들이 더 즐거워하는 것을 보게 될 걸세. 위대한 정신의 소유자인 디오게네스는 이런 점을 보면서 자기로부터 아무것도 빼앗을 수 없게 만들었던 것이네. 그대가 누구든 부만 보면 얼이 빠지는 자여, 부끄럽지도 않은가! 이 우주를 보라! 그대는 신들이 무일푼이며, 아무것도 가진 것이 없어도 무엇이든 다 주는 것을 보게 되리라. 그대는 우연의 선물을 모두 벗어버린 사람을 가난하다고 여기는가, 아니면 불사신과 비슷하다고 여기는가? 디오게네스는 하나밖에 없는 노예가 도망쳤다는 보고를 들으면서 그를 도로 데려오는 것을 별로 보람 있는 일로 여기지 않았네. "마네스는 디오게네스 없이 살 수 있다는데, 디오게네스가 마네스 없이 살 수 없다면야 창피한 일이지"라고 그는 말했네. 내가 보기에 그의 말은 이런 뜻인 것 같네. "운명이여, 네 할 일이나 해라. 너는 디오게네스에게는 볼일이 없을 것이다. 내 노예가 달아났다고? 그가 달아남으로써 실제로 해방된 것은 나란 말이야. 디오게네스 같은 힘이 없는 우리로서는 운명의 타격에 덜 노출되도록 우리의 재물을 줄이기라도 해야 하네. 돈도 가난으로 영락하지도 않고 가난에서 그리 멀지도 않은 정도가 가장 이상적인 금액일세. 우리가 먼저 절약을 몸에 익혔다면 그런 금액으로도 만족할 것이네. 절약 없이는 어떤 재물이 와도 충분하지 않고, 절약하면 어떤 재물로도 충분하다네. 한 가지 수단만 있다면 말일세. 검소하게 생활하면 가난 자체가 부로 변할 수 있다는 것 말일세. 우리는 부를 행운에서가 아니라 오히려 자신에게서 구하도록 노력해야 할 것이네. 인생의 다양하고 음험한 재앙을 다 물리친다는 것은 불가능하며, 그래서 돛을 활짝 펴는 사람은 폭풍을 만나게 마련이라네. 운명의 화살이 빗나가게 하려면 활동 범위를 줄여야 하네. 그래서 가끔 추방과 재앙이 결과적으로 약이 되고, 작은 피해로 큰 피해를 막을 수 있는 것이네.""[65] (세네카)

노자 《도덕경》에 상선약수(上善若水)라는 말이 있다. '지극한 선은 물과 같다'라는 말이다.

다음은 《도덕경》의 내용이다.

"최고의 선(善)은 물과 같나니, 물은 만물을 이롭게 해주면서도 다투지 않고, 사람들이 싫어하는 곳에 머문다. 그러므로 도에 가깝다. 땅처럼 낮은 곳에 거하고 마음은 연못처럼 고요하며, 같이 어울릴 때에는 아주 인자하고, 말에는 신의가 있고 발라서 잘 다스려지고, 일에는 매우 능란하고 움직임이 때를 잘 맞춘다. 오직 다투지 않으므로 허물이 없다."[66]

물은 낮은 곳에 임하며, 만물을 이롭게 해주면서 다투지 않고, 사람

---

65) 루키우스 안나이우스 세네카 저, 천병희 역, 《인생이 왜 짧은가》, 숲, 2005.
66) 왕필 저, 임채우 옮김, 《왕필의 노자주》, 한길사, 2008.

들이 가길 꺼리는 곳에도 편안히 머무는 덕을 가지고 있다. 오직 다투지 않으므로 허물이 없다 했다.

상선약수(上善若水)의 교훈이 성경에서 말하는 '가난한 자는 복이 있나니'와 같은 것이 아닐까?

다음은 나의 시이다.

가난한 자는 복이 있나니

가난하다고 무시하지 마라
다투려 하지 않는 사람이다
힘이 없어서가 아니라
내면은 그만큼 강한 사람이다

미소 맑다고 가식적이라 생각 마라
벼는 익을수록 고개를 숙이는 법
그는 겸손한 사람이다

저리 환하게 사심 없이 미소 지을 수 있는 건
그가 가난할 수 있기 때문이다

29.   고고(孤高)함이란

고고함이란 외로움에도 불구하고 환경에 물들지 않는 것이다.

시인 백석은 〈흰 바람벽이 있어〉라는 시에서 고고함에 대해 다음과 같이 노래하고 있다.

"그런데 또 이즈막하야 어느 사이엔가
이 흰 바람벽엔
내 쓸쓸한 얼골을 쳐다보며
이러한 글자들이 지나간다
— 나는 이 세상에서 가난하고 외롭고 높고 쓸쓸하니 살아가도록 태어났다
그리고 이 세상을 살아가는데
내 가슴은 너무도 많이 뜨거운 것으로 호젓한 것으로 사랑으로 슬픔으로 가득 찬다
그리고 이번에는 나를 위로하는 듯이 나를 울력하는 듯이
눈질을 하며 주먹질을 하며 이런 글자들이 지나간다
— 하눌이 이 세상을 내일 적에 그가 가장 귀해하고 사랑하는 것들은 모두 가난하고 외롭고 높고 쓸쓸하니 그리고 언제나 넘치는 사랑

과 슬픔 속에 살도록 만드신 것이다
초생달과 바구지꽃과 짝새와 당나귀가 그러하듯이
그리고 또 '프랑시스 쨈'과 陶淵明과 '라이넬 마리아 릴케'가
그러하듯이"

외로움은 둘이 될 수 없음이 아니다. 혼자임을 고집하는 것이다. 스스로의 선택이기에 사실은 외롭지 않은 것이다.
봄날 화려한 벚꽃이기보다는 저 멀리 혼자 피는 들꽃이 되고 싶음이다. 한겨울 홀로 깃 속에 부리를 닦는 저 산새는 사실 외로움이 무엇인지도 잘 모른다.

공자는, 같이 있어 어울리지만 같아지지 않는 것을 군자라 하였다. 《논어》〈자로〉편 23장에 나오는 말이다.

子曰 君子 和而不同 小人 同而不和.
(공자 말씀에, 군자는 화합하지만 같아지지는 않으며, 소인은 같아지지만 화합하지 않는다.)

고고함이란 열악한 환경에서 더욱 빛나는 꽃과 같은 것이며, 같이 어울릴 수는 있지만 마음속 지조만큼은 함께하거나 꺾일 수 없는 것이다.
연꽃은 진흙 속에 피지만, 진흙에 더럽혀지지 않기에 연꽃의 깨끗함은 더욱 빛나는 것이다.

고고함은 군자의 덕으로, 연꽃을 사랑했던 염계 주돈이는 연꽃의 고고함을 다음과 같이 말하고 있다.

"물과 뭍의 풀과 나무의 꽃 가운데 사랑할만한 것이 많으나, 진나라의 도연명은 홀로 국화를 사랑하였고, 이씨의 당나라 이래로 세상 사람들이 모란을 매우 사랑했으나, 나는 국화는 꽃 가운데 은일(隱逸)한 것이고, 모란은 꽃 가운데 부귀한 것이며, 연꽃은 꽃 가운데 군자라고 말하니, 아! 국화를 사랑하는 사람은 도연명 이후에는 있다는 소문이 드물며, 연꽃을 사랑하는 사람은 나와 함께하는 이가 몇이나 되는가? 모란을 사랑하는 사람은 마땅히 많을 것이다.
나는 홀로 연꽃이 진흙에서 나왔으면서도 물들지 아니하고, 맑은 물결에 씻기어도 요염하지 아니하며, 가운데는 통하여 밖은 곧고, 덩굴 뻗지 않고, 가지치지 않으며, 향기는 멀수록 더욱 맑으며, 우뚝이 깨끗하게 서 있으며, 멀리서 바라볼 수는 있으나 함부로 가지고 놀 수 없음을 좋아한다."[67] (염계 주돈이 〈애련설(愛蓮說)〉)

---

67) 함현찬 지음, 《성리학의 비조 주돈이》, 성균관대학교 출판부, 2007.

30. 고통에 대하여

고통이란 안일함에 대한 저항, 권태에 대한 저항, 부패에 대한 저항, 변화를 위한 몸부림이다.
흘러가는 물의 작용과 같아서 씻겨 내려감이며, 늘 새로워지려는 노력이다. 긍정적인 현상이라 할 수 있다.
그런데 왜 괴로움과 불쾌함을 동반하는가.
고통은 우리 몸과 마음에 일종의 경고 사인이기 때문에 괴로움을 느끼게 한다. 이는 고통이 우리 몸과 정신의 항상성을 유지하기 위한 장치이기 때문인 것이다.

항상성(恒常性)이란 무엇인가? 자신의 몸을 평상시대로 온전하게 유지하려는 보수적인 작용이다.
하지만 세상과 환경이 변화함에 따라서 우리 몸과 마음도 변화에 적응해야만 할 것이다.
환경의 변화와 마음의 변화는 늘 있게 마련이며, 이 변화는 항상성에 의해 저항을 받아, 우리 몸이 바이러스에 강하게 대응하듯이 우리에게 고통과 스트레스를 주는 것이다.
변화를 부정한다는 것은 삶을 부정한다는 것과도 같기에, 고통은 인간에게 주어진 운명과도 같은 것이다.

세네카는 이렇게 말한다.

"그대는 제발 불사신들이 우리 마음에 박차로 쓰는 것들을 두려워하지 마시오. 재앙은 미덕에게는 기회라오. 너무나 큰 행복으로 나른해진 자들, 잔잔한 바다 위에서처럼 나태한 평온에 사로잡힌 자들은 불행하다고 불려 마땅할 것이오. 무슨 일이 생기든 그들에게는 놀라운 일이오. 잔혹한 운명을 겪어보지 못한 사람일수록 더 무겁게 짓누르지요. 멍에는 부드러운 목덜미에게는 무거운 법이오. 신병은 부상을 생각만 해도 파랗게 질리지요. 고참병은 대담하게 자신의 피를 보는데, 피를 흘린 뒤에는 종종 승리했다는 것을 알고 있기 때문이지요."[68]

하지만 변화는 긍정적인 방향으로 흘러가야 바람직할 것이다.

《주역》에 다음과 같은 말이 나온다.

窮則變 變則通 通則久.
(궁하거나 막히면 곧 변해야 하고, 변하면 통하며, 통하면 오래간다.)

긍정적 변화는 막힌 것을 트기 위한 몸부림이며, 고인 물을 터주는 것과도 같다. 트지 않으면 죽을 것이다.
궁하거나 막힌 것이 트이는 과정에서 고통을 동반하지만, 트인 이후

---

68) 루키우스 안나이우스 세네카 저, 천병희 역, 《인생이 왜 짧은가》, 숲, 2005.

에는 다시 새로운 환경에 적응하고 삶은 발전하고 새로워지며 다시 그에 맞는 항상성을 마련할 것이다.

이렇듯 항상성이란 것도 계절의 변화처럼 항상 새로워짐으로 인해 변화가 불가피한 것이다. 습관은 항상성을 유지하기 위해 더없이 좋은 것이지만, 변화에 저항력이 크다. 그래서 변화의 속도가 빠른 현대 사회는 고통의 횟수가 늘고 그 주기가 빨라져 많은 스트레스를 동반한다. 고통은 변화에 비례하기 때문이다.

변화에 능동적이지 못하면 병을 키우듯 고통의 크기를 점점 키우기도 한다.
봄이 여름을 거부하고, 여름이 가을을 거부하고, 가을이 겨울을 거부하고, 또 겨울이 봄을 거부한다면 운명을 거스르는 것과도 같다.

칼릴 지브란은 말한다.

"그대의 고통이란 그대의 깨달음을 가두고 있는 껍질이 깨어지는 것이다. 그것은 그대 내면의 의사가 그대의 병든 자아를 치료하는 쓰디쓴 약과 같다."[69]

계절적으로 네 번의 혁명 같은 변화가 자연에 있듯이 인생에도 알

---

69) 칼릴 지브란 저, 류시화 옮김, 《예언자》, 무소의뿔, 2018.

을 깨고 나오는 병아리처럼, 허물 벗는 뱀이나 애벌레처럼 혁명과도 같은 시기가 각자에게 있을 것이고, 우리는 변화에 대한 몸부림으로 고통을 느끼게 될 테지만, 그 고통은 우리를 새로 태어나게 할 것이다. 알에서 깐 병아리같이, 껍질 벗은 매미처럼 한여름을 시원하고 장쾌하게 울고야 말 것이다.

니체는 이렇게 말한다.

"연약한 인간을 말살해버리는 외부의 고통도 결국 살아남게 될 인간에게는 영양제에 불과하다. 살아남은 자들은 결코 고통을 아픔이라 부르지 않는다."[70]

고통이란 계절의 변화를 위한 새로운 습관을 위한 학습과정이며 전화위복(轉禍爲福)이라고 믿어야 할 것이다.

"생각해보니 나의 역경은 정말 축복이었습니다. 가난했기에 〈성냥팔이 소녀〉를 쓸 수 있었고, 못생겼다고 놀림을 받았기에 〈미운 오리 새끼〉를 쓸 수 있었습니다." (안데르센)

새로운 변화를 받아들이려는 이전과의 그 경계선에 고통은 위치하는 것이다.

---

70) 프리드리히 니체 지음, 공공인문학포럼 엮음, 《니체와 고흐》, 스타북스, 2020.

변화에 적응하면 그때부터는 다시 그 변화의 항상성을 유지하기 위해 고통은 사라진다.
고통은 처음에는 경고 사인이었지만, 변화된 환경이 우리에게 긍정적으로 작용해 감에 따라 자연스럽게 사라지는, 우리가 새로운 환경에 적응하기 위한 필연적인 과정인 것이다.

세네카는 말한다.

"자네가 인생에서 어려운 처지에 놓이게 되고, 자신도 모르게 개인적인 사정이나 공적인 사정으로 풀 수도 끊을 수도 없는 올가미에 걸려들었다고 가정해보세. 올가미에 걸린 사람은 처음에는 거추장스런 올가미를 간신히 견디지만 일단 그것을 화내지 않고 받아들이기로 결심하고 나면, 필연은 용감하게 견디는 법을 가르치고 습관은 쉬이 견디는 법을 가르친다는 점을 명심하게나. 자네는 인생의 어떤 상황에서도 즐거움과 휴식과 쾌락을 발견하게 될 것이네.
자네가 불쾌한 일을 대수롭지 않게 여기고 그로 인해 괴로워하려고만 하지 않는다면 말일세.
자연은 우리가 고난을 당하도록 태어난 줄 알고는 불쾌한 일을 누그러뜨리기 위해 습관을 만들어내어 가장 어려운 일에도 금세 친숙해지도록 만들었네.
그것이 자연이 우리에게 베푼 가장 큰 호의라고 할 수 있네.
불행이 처음 우리를 가격했을 때와 같은 기세를 계속 유지한다면 견딜 사람은 아무도 없을 것이네."[71]

---

71) 루키우스 안나이우스 세네카 저, 천병희 역, 《인생이 왜 짧은가》, 숲, 2005.

31. 선과 악에 대하여

선악이란 이분법으로 나뉘었을 때 존재한다.
하나가 둘이 되면 서로가 서로에게 악이 되며, 스스로를 선이라 말한다.
빛과 그림자의 관계와 같아서, 음과 양과 같아서, 아군과 적군과 같아서, 상대에 의해서 가치판단을 받은 것이 악이다.
선악의 절대 기준은 존재하지 않는다.
빛은 빛이고, 어둠은 어둠일 뿐이며, 서로 공존하는 것이며, 우주의 한 부분으로 자신의 역할을 하는 것이다.

《근사록》은 말한다.

"마음은 본래 선한 것인데, 생각에서 발하여지면 선도 있고 불선(不善)도 있게 되는 것이다. 만약 이미 발하여졌다면 곧 정(情)이라 할 수 있지만 마음이라고는 할 수 없다. 견주어 말하면 물과 같은 것이다. 다만 물이라고 말하지만 물의 흐름이 갈래를 이루게 되는 상태에 이르러서는 혹은 동쪽으로 흘러가고 혹은 서쪽으로 흘러간다."[72]

---

72) 주희·여조겸 공저, 이범한 역, 《근사록》, 서울대학교출판문화원, 2015.

하나를 새로워지게 하는 데는 흐름이 필요하며, 흐름은 음과 양, 남과 여, 빛과 그림자처럼 전류의 음극과 양극처럼 둘이 필요하다.
기의 흐름에 따른 변화로 인해 우주와 자연은 늘 새로워지며, 하나는 다른 하나를 움직이게 하는 자극제가 되고, 선악은 뒤바뀌기도 하며 우주 전체 안에서 선악의 구별은 없다.

"선은 물론 인간의 본성이다. 악도 역시 본성이라고 말하지 않을 수 없다. 천하의 선악은 모두 천리(天理)인데, 이 악이라고 말하는 것은 본래는 악이지 않고, 단지 지나치거나 미치지 못한 것이다." (송나라 정명도)

"선한 것도 없고 악한 것도 없다는 것은 이(理)가 고요한 때이고, 선한 것이 있고 악한 것이 있다는 것은 기(氣)가 움직이는 때이다. 기에 의하여 움직여지지 않으면 곧 선한 것도 없게 되고 악한 것도 없게 된다. 이것을 지극한 선[至善]이라 말하는 것이다." (명나라 왕양명)

하늘과 땅은 선악을 구분하지 않는다.

"성인은 하늘과 같아서 사사로이 덮음이 없고, 땅과 같아서 사사로이 싣지 않는다.
사사로움이란 천하를 어지럽히는 것이다." (관자)

하늘은 모든 것을 덮어주고, 땅은 모든 것을 실어준다. 선과 악으로 나누는 사랑이란 천하를 어지럽히는 것이며, 자연과 우주의 법칙에 위배된다.

다음은 나의 시이다.

하늘과 구름

하늘은 늘 그대로인데
불안정한 대기가 널 먹구름으로 만들었구나
하늘은 늘 그대로인데
상냥한 맑은 햇살 널 새하얀 뭉게구름으로 만들었구나
너와 나 같은 물로 태어났지만 선과 악으로 갈리었구나
같은 하늘 아래 함께 어깨동무할 수 없지만
모두 다 하늘의 자식이구나

32.　　　　　　　　　　　　　　　　　　　성공에 대하여

성공은 자기 자신만이 알 것이다.
그것이 자신의 마음속에 있을뿐더러, 그것은 자신이 세운 뜻을 지킴에 따라 달라지기 때문이다.
성공이란 몸에 있지 않고 정신에 있다.
부귀영화란 몸의 성공이다. 몸의 성공은, 만족감이나 행복에 있어서 정신의 성공을 따라올 수가 없다.

인생을 달리기라고 한다면, 달리는 사람은 달리기 전에 목표지점을 보아야 하고 목표지점에 따라 달리는 방향이 결정될 것이다. 그렇게 달리면 최단 거리로 곧장 달리게 된다.
최단 거리란 뜻과 의지, 신념, 사랑의 가치에서 나오는 강력한 힘이다.
자신의 발끝이나 땅만을 보고 달린다면 목표지점은 멀어지고, 인생은 짧아지고, 뜻하지 않은 곳에 도착할 가능성이 크다.

진정한 아름다움과 행복, 성공은 그의 혼(魂)만이 알 것이다.

33.　　　　　　　　　　　　　　　　세상에 대한 이해

모두가 이해할 수 없을 것이다. 세상은 왜 선악에 대한 정의(正義)가 옳게 작용하지 않는지. 권선징악이란 고전 소설 속에서만 기능하는지. 선하게 살아가야 할 이유가 있는지.

성경에서는 이를 에덴동산이라는 상징을 가지고 이야기한다. 선악과를 따 먹은 인간은 에덴동산(낙원)에서 쫓겨나는데, 이는 하나(자연의 법칙)를 무시했기 때문이다.
자연이란 우주(universe)이며, 하나란 개념에서 작동한다.
원래 하나인 것을 인간이 둘(선, 악)로 나누어버린 데에 원인이 있다. 그것이 선악과를 땄다고 하는 것이다.

하나 안에서 선, 악은 없다. 우주에, 자연에 선, 악이란 존재하지 않는다. 자신의 역할과 자리만이 있을 뿐 선, 악은 상대적인 개념일 뿐이다. '너와 나'가 있으면 내 것과 네 것이 있고, 둘로 나뉘면 서로가 서로에게 악이 된다. 이것이 다툼과 갈등과 고통의 원인이다.

성경에서 다시 하나됨의 원리로 해결책을 제시했다.
다시 에덴동산으로 들어갈 수 있다. 그것을 천국이라 이름했고, 방법은 사랑이었다.
사랑은 다시 하나됨이며, 그래서 원수까지 사랑하라 했다.
즉 우주, 자연을 그 자체로서 인정하는 것이다.
모든 죄는 용서받을 수 있다고 했다. 자연(에덴동산)에는 선, 악이 없으므로.
결국 선악과를 딴 인간 스스로가 자연(에덴동산)에서 나가 버렸던 것이다.

하나로서 완전한 자연 상태를 동양에서는 무극, 또는 태극이라 이름한다.
에덴동산이며, 하나의 완전한 상태이다. 무극이나 태극이 둘로 나뉘는 것이 음과 양이다. 선, 악이라 나누기도 하지만 이 또한 상대적인 개념이다. 나뉨은 불완전한 것이고, 상대적인 세상이다. 그러므로 자연의 이치에 따라 행해진 모든 죄라는 것은 인간이 정죄(定罪)한 것이요, 사랑이라는 이름 아래 무조건 용서할 수밖에 없는 것이다.
모든 일이 자연의 무심한 이치에 따라 행해지는 것이라면 무조건적 용서만이 서로의 인격에 대한 평등이요, 자연을 인정하고 존중하는 것이다.

성경대로라면, 태초의 말씀대로 만들어진 세상이기에 사랑으로 용서하고 하나됨 안에서 평온을 찾아야 할 것이다.
다시 우주, 자연, 하나의 바다가 되어야 할 것이다.

참고 문헌

* 《간디 자서전(함석헌저작집29)》, 함석헌 저, 한길사, 2009
* 《그리스, 로마 명언집》, 북타임 엮음, 북타임, 2009
* 《그리스 철학자 열전》, 디오게네스 라에르티오스 저, 전양범 역, 동서문화사, 2008
* 《근사록》, 주희, 여조겸 공저, 정영호 역, 자유문고, 2005
* 《나는 왜 너가 아니고 나인가》, 시애틀 추장 외 지음, 류시화 엮음, 더숲, 2017
* 《나의 형, 체 게바라》, 후안 마르틴 게바라, 아르멜 뱅상 저, 민혜련 역, 홍익출판사, 2017
* 《논어와 주판》, 시부사와 에이치 저, 노만수 역, 페이퍼로드, 2009
* 《니체와 고흐》, 프리드리히 니체 지음, 공공인문학포럼 엮음, 스타북스, 2020
* 《니체의 말》, 프리드리히 니체 지음, 시라토리 하루히코 엮음, 박재현 옮김, 삼호미디어, 2013
* 《니체의 숲으로 가다》, 프리드리히 니체 저, 김욱 역, 지훈, 2004
* 《대학 중용 강설》, 이기동 역해, 성균관대학교 출판부, 2011
* 《맹자》, 김학주 역주, 서울대학교출판부, 2013
* 《명상록》, 마르쿠스 아우렐리우스 지음, 이동진 옮김, 해누리, 2009
* 《몽테뉴 수상록》, 몽테뉴 지음, 손우성 옮김, 동서문화사, 2007
* 《백범일지》, 김구 지음, 도진순 주해, 돌베개, 2002
* 《법구경》, 오쇼 라즈니쉬 지음, 손민규 옮김, 태일출판사, 2002
* 《법률》, 플라톤 저, 천병희 역, 숲, 2016
* 《숫타니파타》, 법정 저, 이레, 2005
* 《소크라테스의 변론, 크리톤, 파이돈, 향연》, 플라톤 저, 천병희 번역, 숲, 2012

* 《언지록》, 사토 잇사이 지음, 노만수 옮김, 알렙, 2017
* 《에다》, 카를 짐록 완역, 임한순, 최윤영, 김길웅 공역, 서울대학교출판부, 2006
* 《에밀》, J. J. 루소 저, 정봉구역, 범우사, 2001
* 《열자: 조화로운 삶이란 무엇인가》, 열어구 지음, 정유선 옮김, 동아일보사, 2016
* 《예언자》, 칼릴 지브란 저, 류시화 옮김, 무소의뿔, 2018
* 《예언자, 사람의 아들 예수, 날마다 한 생각(함석헌저작집27)》, 함석헌 저, 한길사, 2009
* 《왕필의 노자주》, 왕필 지음, 임채우 옮김, 한길사, 2008
* 《인생이 왜 짧은가》, 루키우스 안나이우스 세네카 저, 천병희 역, 숲, 2005
* 《장자》, 장자 지음, 김학주 옮김, 연암서가, 2010
* 《절대지식 중국고전》, 다케우치 미노루 저, 양억관 역, 이다미디어, 2010
* 《주돈이(성리학의 비조)》, 함현찬 저, 성균관대학교출판부, 2007
* 《채근담》, 홍자성 저, 문예출판사, 2010
* 《춘추번로》, 동중서 저, 남기현 역, 자유문고, 2005
* 《칭기스칸의 리더십 혁명》, 김종래 저, 크레듀, 2007
* 《틈: 오쇼 라즈니쉬가 전하는 삶의 연금술》, 오쇼 라즈니쉬 지음, 나혜목 옮김, 큰나무, 2004
* 《틱낫한 스님의 반야심경》, 틱낫한 지음, 강옥구 옮김, 장경각, 2015
* 《한비자 1-2》, 한비 저, 이운구 역, 한길사, 2002
* 《한서 이불과 논어 병풍: 이덕무 청언소품》, 정민 지음, 열림원, 2018
* 다음백과, https://100.daum.net/encyclopedia/view/b18j3213b
* 위키백과, "키니코스학파", "안티스테네스"